… Education of Reading …

読書教育の方法
― 学校図書館の活用に向けて ―

立田 慶裕

|編著|

学文社

執 筆 者

*立田　慶裕　神戸学院大学　（はじめに，第1章，あとがき）
今西　幸蔵　神戸学院大学　（第2，4章）
黒澤　　浩　日本子どもの本研究会　（第3章）
荻野　亮吾　東京大学　（第5，13.1章）
野村　　和　武蔵野短期大学　（第6章）
岩崎久美子　国立教育政策研究所　（第7章）
酒井　達哉　武庫川女子大学　（第8章）
松本美智子　筑波大学大学院博士後期課程　（第9章）
五島　政一　国立教育政策研究所　（第10章）
藤本　裕人　国立特別支援教育総合研究所　（第11章）
福本　　徹　国立教育政策研究所　（第12章）
宮田　　緑　東京工業大学大学院博士後期課程　（第13.2章）
長岡智寿子　国立教育政策研究所フェロー　（第13.3章）

（＊は編者，執筆順）

#　はじめに

　読み書きの力を身につけることは，教育の基本である。現代社会に生きる私たちは，さらに高度な読み書きの力を必要とするようになってきている。読み書きの力を身につける基本的な方法として，読書は大変重要な意味をもつ。

　『読む力を育てる』を著したマーガレット・ミークは，読書教育を行う親と教師の役割が重要だと述べ，読書教育の意義について，次のように書いている。

　「私たちの子どもや孫も，このような読むことの意義を自然に知るだろうと思ってはいけない」

　「親には読むことについて，そして本についてできる限り理解しなければならない義務がある」

　また，読書の意義についても，

　「読むということは，印刷した記録から知識を得るという行為を遥かに超えたもの。ひとりの人間の心と想像力，そしてもうひとりの人間の心と想像力との生き生きした出会いである」

と述べている（ミーク，2003，12-14ページ）。

　ミークは親の義務について書いたが，学校教育を通じて多くの生徒を育てる教師にも，読むこと，読書活動についてできる限りその理解を深める義務があると私たちは考える。本書は，教員や親が読書活動についての方法論的理解を深めるきっかけになればという考えから執筆を始めた。

　しかし，実際に，読書について，あるいは読書教育について，教員が学ぶ機会は非常に少ない。たとえば，2012（平成24）年に行われた「子どもの読書活動と人材育成」調査によれば，小・中学校教員の7割以上が，また高校教員の8割以上が，この1年間に読書教育に関する校内研修や他校・他団体の研修に参加したことがないと回答している。

　他方，学校における読書活動については，近年，国際的にも，国内において

はじめに

も，その重要性が認識されつつある。特にいずれの場合も，学校における読書教育の要となるのが，学校図書館であり，学校図書館の活用の重要性という点においては，国際的にも，国内的にも共通の認識が生まれている。

ユネスコ学校図書館宣言（1999年）では，「学校図書館は，今日の情報と知識を基盤とする社会で生きるための基礎となる情報やアイデアを提供する。学校図書館は，生徒たちに生涯学習のスキルを備えさせ，責任ある市民として生きることができるような想像力を育てる」と述べている。どのような国においても，学校図書館が生徒たちに，生きるための情報やアイデアを提供し，生涯学習のスキルと想像力を育てる必要性を強調している。

また，国内においても，2000年が子ども読書年となって，2001年には「子どもの読書活動の推進に関する法律」が，2005年には文字・活字文化振興法が施行されて，成人の読書活動の推進の必要性も提起された。さらに，2009年が国民読書年となって，全国の都道府県でも子どもの読書推進計画が積極的に作成されるようになってきた。子どもの読書活動推進に関する法律では，家庭，地域，学校を通じた社会全体における取り組みと子どもの読書活動を支える環境の整備が重視され，次のように述べる。

「子どもの発達の段階に応じて，子ども自身が読書の楽しさを知るきっかけを作り，読書の幅を広げ，読書体験を深めるような機会を提供するとともに，そのための環境作りに努めることが必要である。あわせて，子どもが読書活動に関心をもつような本を身近に整えることが重要である。このような観点から，国及び地方公共団体は，子どもの自主的な読書活動の推進に資するため，家庭，地域，学校において子どもが読書に親しむ機会の提供に努めるとともに，施設，設備その他の諸条件の整備・充実に努める」

さらに，2008（平成20）年度及び2009（平成21）年度に公示された学習指導要領の目標では，生きる力を育むことを目指し，基礎的・基本的な知識及び技能を習得させ，これらを活用して課題を解決するために必要な思考力，判断力，表現力等を育むとともに，主体的に学習に取り組む態度を養うことを重視している。この新しい学習指導要領では，各教科等を通じて言語活動の充実を図る

はじめに

こととし，言語に関する能力の育成に必要な読書活動を充実することを定めている。また，近年の情報通信技術の発達が子どもの読書環境にも大きな影響を及ぼすことから，新しい情報通信技術を活用した読書環境の拡大の必要があるとしている。さらに，小学校から高校にいたるまでのいずれの学習指導要領においても，学校教育における学校図書館の活用が指摘されている。

加えて，2014年6月には，学校図書館法が改正され，次の条項が加えられた。

「第6条　学校には，前条第一項の司書教諭のほか，学校図書館の運営の改善及び向上を図り，児童又は生徒及び教員による学校図書館の利用の一層の促進に資するため，専ら学校図書館の職務に従事する職員（次項において「学校司書」という。）を置くよう努めなければならない。」

確かに，吉田新一郎が『読む力はこうしてつける』で指摘するように，「学習指導要領や，それに基づいて書かれている教科書の子ども達に対する期待値の低さ」あるいは，教科書と教師指導の授業，テストによってもたらされる正解当てゲーム，表面的な理解に留まる読みの教え方では，学校で行う読書教育が読書嫌いを増やすばかりかもしれないという危惧もある（吉田，2010，30-37ページ）。

しかし，学校教育の中でもっとしっかりと読書教育を行い，教員が読書教育についての理解を深めていくことによって，家庭と学校は，もっと多くの読書好きを増やし，自立的な読み手を育てていくこともできるのではないだろうか。その点で，学校における読書教育についての理解，とりわけ学校図書館の活用についての理解を深めることが重要となる。本書はそのひとつの試みであり，学校教員を主たる対象とし，司書教諭や学校司書，図書館担当職員，学校図書館ボランティア，そしてこれから学校の読書教育について学ぼうとする人びと，学校教育の中で読書に関わる人びとに，読書教育の考え方や学校図書館活用のための多様なヒントを提供することをそのねらいとする。

本書ではまず，読書教育とは何か，という問いについて考え，読書教育の枠組みを提供すると同時に，発達に応じた読書教育のポイントを第1章で紹介する。さらに，第2章では，読書教育の担い手として，学校教員，司書教諭，学

はじめに

校図書館担当者などをとりあげる。第3章から第5章は，第2部として読書教育のための学校環境作りに焦点をあてる。第3章では学校図書館の歴史を概観する。また，第4章では，学校における総合的な読書環境づくりについて考え，第5章では，学校と地域との連携をとりあげる。続く第6章から第11章は第3部として，第1章で概観した発達に応じた読書教育の方法についてさらに詳細に考察する。最後の第4部では，電子書籍の発展の可能性を論じた生涯にわたる読書環境の創造（第12章）と，諸外国の読書教育を概観した第13章によって，今後の読書教育の未来像を考える。

参考文献
ユネスコ学校図書館宣言
　　http://www.unesco.org/webworld/libraries/manifestos/school_manifesto.html
独立行政法人国立青少年教育振興機構「子どもの読書活動と人材育成に関する調査研究
　　【教員調査ワーキンググループ】報告書」2013
ミーク，M.著，こだまともこ訳『読む力を育てる――マーガレット・ミークの読書教育
　　論』柏書房，2003
吉田新一郎『読む力はこうしてつける』新評論，2010

2014年10月

　　　　　　　　　　　　　　　　　　　　　　　　　　　　立田　慶裕

目　次

はじめに　i

第1部　読書教育とは何か

第1章　発達に応じた読書 ──読書教育の環境づくり……………3

1．読書教育とは何か………3

(1) 読書教育と読書指導　3／(2) 読書の力の発達　4／(3) 読書教育の環境を作る　5

2．読書の意義………7

(1) 体験とイメージとことばの力　7／(2) 子どもの発達に重要な読書　9／(3) 読書の効果　10

3．発達に応じた読書教育の方法………11

(1) 就学前期　11／(2) 小学校低学年　12／(3) 小学校中学年　13／(4) 小学校高学年　14／(5) 中学生から高校生　16

4．読書が育てる心と文化………17

(1) ことばと体験とイメージ　17／(2) 読書教育と情報処理教育　17

第2章　読書教育の担い手…………………………19

1．読書教育と一般教職員………20

2．学校図書館の専門職員………21

(1) 学校図書館司書教諭　23／(2) 学校図書館担当職員（学校司書・支援員）　25

3．学校図書館ボランティア………27

4．公共図書館からの支援………28

5．外国における読書教育支援者………29

目　次

第 2 部　読書教育のための学校環境

第 3 章　学校図書館の歴史 ……………………………………………… 33
1．制度としての学校図書館………33

⑴　学校図書館前史——大正時代　35／⑵　学校図書館前史——昭和時代前期　38

2．学校図書館法の策定と「新しい学校」の構築………42
3．「学校図書館法」の制定………44
4．学校図書館法の改正と課題………45
5．学習指導要領に見る学校図書館………48
6．学校図書館の資料構成の充実及び環境整備………51
7．学校図書館を生かす教育への展望………53

第 4 章　学校における読書環境づくり ……………………………………… 55
1．学校図書館活動の組織化………56
2．学校図書館運営の活性化………56
3．学校図書館メディアの整備………59
4．学校図書館の蔵書や資料の整備………61
5．学級文庫の役割………66
6．地域社会と学校図書館………67

第 5 章　地域との連携　——公共図書館や住民との連携 ………………… 70
1．学校図書館を巡る政策の動向………70
2．学校図書館と公共図書館，保護者・住民との連携・協力の状況………72

⑴　公共図書館との連携の状況　72／⑵　保護者・地域住民との連携・協力の状況　74

3．学校図書館を中心にしたネットワークの構築：千葉市川市を事例に………76

(1) ネットワーク化の背景と理念　76／(2) 学校図書館と公共図書館のネットワーク化　77／(3) 学校図書館支援体制の構築：組織・財政面から　80

　コラム：学校図書館支援センターの活動　81

4. 「読書コミュニティ」の実現に向けた連携・協力のポイント………82

第3部　読書教育の方法　──学校図書館の活用

第6章　就学前の読書教育　──本に親しみ，言葉を知る……………87

1. 本との出会い………87
2. 子どもの読書環境………88
3. 物語との出会いのために………90
4. 子どもが物語と触れ合うための教材………91

　(1) 絵　本　91／(2) 紙芝居　92／(3) それ以外の教材　93／(4) 電子絵本　93

5. 聞き手から話し手へ………94

第7章　学校がすすめる読書活動……………………………………… 97

1. 学校における読書活動推進に向けて─国の取り組み………97
2. 読書活動が注目される背景………98

　(1) 国内外の学力調査の読解力への注目　99／(2) インターネット時代の学力形成　100

3. 学校が行う読書活動………100

　(1) 朝読書の推進　101／(2) 教科や教科外における読書の活用　101

4. 学校の読書活動の拠点：学校図書館………101

　(1) 人的整備　102／(2) 物的整備　103／(3) 財政整備　104／(4) 情報整備　104

5. 今後の展望………105

　(1) 学校経営における位置づけ　105／(2) 子ども，教育，地域の「第三の場所」　106／(3) 学校で読書教育を行う意義　107

　コラム：学校図書館を支援する──小郡市立図書館の挑戦　108

目　次

第8章　教科で行う読書教育……………………………………………110

1．小学校学習指導要領における読書教育………110

2．国語科における読書教育の具体的実践………112

⑴　リーフレット　113／⑵　本の帯　114／⑶　読書新聞　115

3．各教科等における読書教育の具体的実践………115

⑴　理科…観察記録カードの工夫　115／⑵　始業前の時間…新聞を読む習慣　116／⑶　総合的な学習の時間…本を参考にしたパンフレット作り　117

第9章　小学校の読書　──物語を楽しみ，言葉を育む……………120

1．子どもの読書の意義と読書指導………120

2．小学校段階の読書指導………121

⑴　学習指導要領における言語活動の充実と読書活動の推進　122／⑵　各学年ごとの読書目標と内容，指導法　123

3．読書指導の計画………125

⑴　読書指導の内容体系を考える　126／⑵　読書の指導計画を立てる　127／⑶　読書の環境づくり　129

4．読書指導の方法………130

⑴　導入的な読書指導──読書の楽しさを知る　130／⑵　発展的な読書指導──読書の幅を広げ読みを深める　135／⑶　多様な読書指導法の発展　138

5．学校図書館の発展に向けて………141

⑴　図書委員会の活動　141／⑵　広報・展示活動　142／⑶　ボランティアの活動　142／⑷　行事・集会活動　143／⑸　学校の読書活動を地域とともに　143

第10章　中学校・高校の読書教育　──言語教育と科学的探究の融合……………………………………………………………………147

1．自然や科学への興味・関心を高める………147

2．生徒の興味・関心を深め，探究意欲をかき立てる科学の読み物とは………148

3．科学的な読み物を利用した教育（理科教育と読書教育の融合）の事例………149

4．『不思議な国の健ちゃんの大冒険』………150

　5．すばらしい本との出会い………155

第11章　発達を支える読書 ——特別支援教育を中心に……………… 158

　1．特別な支援を必要とする児童生徒と読書活動………158

　　(1) 特別支援教育の対象と教育的支援　158／(2) 特別支援教育における読書活動　161

　2．障害の特性と読書への配慮………161

　　(1) 視覚障害　161／(2) 聴覚障害　164／(3) 知的障害　165／(4) 肢体不自由　166／(5) 病弱・身体虚弱　166／(6) 自閉症　167／(7) 情緒障害　168／(8) 学習障害（LD）　169／(9) 注意欠陥多動性障害（ADHD）　170

　　コラム：DAISYとは（概略）　163

　3．共生社会の形成，障害の理解につながる学校図書の充実………171

第4部　読書教育の未来に向けて

第12章　電子書籍の発展と多様なメディア活動…………………………… 175

　1．電子書籍の普及………175

　2．図書館・出版社（者）と電子資料………179

　3．学校図書館における多様なメディアに関する現状………182

　4．日本における多様なメディア環境を用いた教育実践………183

　5．海外における図書館と多様なメディアに関する近年の動向………184

　6．おわりに………186

第13章　諸外国の読書教育 ……………………………………………… 189

　1．台湾の読書教育………189

　　(1) 台湾の図書館体制　189／(2) 台湾の読書教育政策　190／(3) 台北市立図書館の取り組み　191／(4) 台北市内の小学校の取り組み—新湖国民小学校を中心に—　193／(5) 台湾の読書教育の特徴　196

　2．ドイツの読書教育………197

　　(1) ドイツの読書環境　197／(2) 読書能力の促進に向けて　198／(3) 読書

目　次

　　　クラブ　199／⑷　州の取り組み（ヘッセン州の場合）　200／⑸　学校の読
　　　書教育　201／⑹　まとめにかえて　204
　３．北欧の読書教育—福祉と自由と平等を目指す豊かな教育—………205
　　　⑴　北欧諸国における図書館事情　206／⑵　思考を鍛える読書教育—フィ
　　　ンランドの国語授業を通して考える—　213／⑶　まとめにかえて—暮らし
　　　の中の読書活動—　218

あとがき　—読書教育を支える人びと—　223
2000年以降の学校図書館関連文献　226

第1部
読書教育とは何か

第1章

発達に応じた読書
——読書教育の環境づくり

1. 読書教育とは何か

(1) 読書教育と読書指導

　読書教育についてこれまでまとめられた最も体系的な書としては，日本子どもの本研究会が，幼児から中学生までの読書教育について5巻本にまとめたシリーズがある。このシリーズでは，それまで用いられていた「読書指導」という用語を，読書の指導は国語教育に限らない，図書の利用指導に限定されない，大人が一方的に教養的なものとする教養主義的なものには限界がある，といった理由から「読書教育」という概念を用いた。

　その読書教育という考え方を採用した理由として，増村王子は，「読書が一人ひとりの子どもの全面的な成長発達と切り離せない深い関わりをもつ」ことをあげている。特に，発達段階にそった系統的な見通しの中で，読書の活動を進めながらも，「教育」という用語を用いる理由として，次の6点をあげている（日本子どもの本研究会，1988，6ページ）。

　① 読書は，他人に強いられたり命令されたりするものではなく，主体的，創造的な精神のいとなみである。まず子どもの心を開放し，自由な雰囲気の中で，のびのびと読書させたい。

　② 読書とは，ことばや文字という抽象化されたものから，自分で頭の中に具体的な映像を作り出す精神の働きである。その積み重ねによって物事を正確

に順序立てて考えるあらゆる学習の基礎がつちかわれる。

③ 本に書かれた内容をどう読み取るか，どう感じるかは個々の子どもの自由である。大人がはじめから答えをきめてかかるべきではない。結論も自分で発見すべきで，外から性急におしつけてはならない。

④ 読書教育では，能力や成績によって差別されることがない。どの子も自分に適した本を選んで読書を楽しむことができる。

⑤ 読書は，楽しく自由な創造の世界だが，たとえば長編を努力して読みとおすというような訓練的要素も含まれる。

⑥ 読書教育の中で基本的なことは，学校教育の中で時間をきめてきちんと行うべきだが，それだけで終わるものではなく，もっと広い，子どもの自由な読書活動の場である家庭や，他の読書施設などと提携することによって習慣化を計りたい。

本書でもまた，これらの要件を踏まえて「読書教育」という言葉を用いることにしたい。読書活動が学習者中心の行動であるとしても，そこに教育者の意図や支援を含めていくことによって，教育活動として位置づけることが重要なのである。

(2) 読書の力の発達

まず，読書活動自体が，読書についての知識やスキルの向上を伴いながら，発達していく営みである以上，どのように支援していくかという方向性が必要となってくる。たとえば，読書力の発達に応じた読書の楽しみについて，亀村五郎は，『読書指導』（12-13ページ）の中で，次のような喜びがあるという。

1）ひとりで文字や絵をよみとって，心を動かしたり，知識を得たりする喜び
2）他人に本を読み聞かせてもらい，心を動かしたり，知識を得たりする喜び
3）一冊の本を，読みとおしたことの喜び
4）感想を発表しあったり，感想を表現したりする喜び
5）読書を他人に評価してもらう
6）ひとりで本を選び，良書にめぐりあう喜び
7）他人に本をすすめたり，他人から本をすすめられたりする喜び

8）次に読みたいと思う本を，心に持つ喜び
9）本の内容を，生活の中に持ち込んだり，自分の生き方について，考えたりした喜び
10）学級文庫や，学校図書館の本を，整理したり，貸し出したりする仕事の喜び

　また近年では，吉田新一郎が米国の多様な読書法を参考にして，読書による理解の発展をA～Cの三段階に分けている。

　彼は，A（言葉・漢字，文章の構造，指示語が指すもの，文章の要旨，作者のねらい）が表面的理解の段階であるのに対し，Bの段階（関連づける，質問する，イメージを描く，推測する）やCの段階（解釈する，評価する，批評する，自分に活かす）といったより深いレベルの理解が読書には必要であるという（吉田，2010，33ページ）。

　以上のような子どもの発達に沿った読書と，読書の知識やスキルの発達という視点を考えていくことにしたい。

(3) 読書教育の環境を作る

　さらに，読書教育を考える上で，学校教育の学習環境の中に読書をどう位置づけるかという問題がある。この点については，近年OECDによる学習環境に関する研究成果として，『学習の本質』が参考となる。同書の中では，まず，学習について，次の7つの原理を前提に環境を形成することが重要としている。

1．学習者を中心とする：学習環境は学習者をその中心的な参加者として受け入れ，学習者の能動的取り組みを助け，学習者自身の活動の理解を促していく。
2．学習の社会性を重視する：学習環境は学習の社会性を基礎とし，能動的にうまく組織された協同学習を促す。
3．感情が学習にとって重要である：学習の専門家は，学習の動機付けや達成感の重要な役割を学習環境に上手に組入れる。
4．個人差を認識する：学習環境は，既有の知識を含め学習者の個人差に敏感に適応できるようにする。
5．すべての生徒を伸ばす：すべての生徒たちにとってあまりに難しい問題ではないが，ある程度難しい課題や問題を求めるプログラムを学習環境で工夫する。

第 1 部　読書教育とは何か

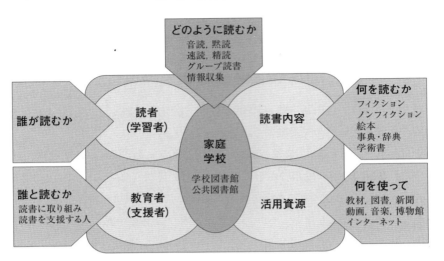

図 1-1　読書教育とは

6. 学習のアセスメントを活用する：学習環境は明確な期待を伴って動くので，教育期待に応じたアセスメント戦略を用いる。学習を支えるためには，形成的なフィードバックが重要である。
7. 水平的な関係を作る：学習環境は，知識の領域と教科の間でも，そして地域社会と一層広い世界との間でも「水平的なつながり」を強力に産み出していく（OECD, 2013）。

　さらに，学習の環境は，学校という組織を中心に，学習者，教育者とともに，学習の内容と学習の資源という5つの要素によって構成されていると考える。これを読書教育についてあてはめてみたものが，図1-1である。この図は，学校だけでなく，家庭や図書館もまた読書教育の場という要素に加えて，誰が（読書の主体），誰と（読書の支援者），何を（読書の内容），何を使って（読書の資源）読書活動を行うか，という読書教育の環境を示している。この5つの要素に加えて，読書教育の方法という6つめの要素，どのようにして読むかが加わる。第2章以降では，このそれぞれの要素を発達段階に即して考えることとなる。その前に，読書そのものの教育的意義について述べておこう。

第1章　発達に応じた読書

2．読書の意義

(1) **体験とイメージとことばの力**

　子どもが生まれてから言葉を覚え，読書を通じて心を形成していく過程については，ブルーナーの研究が大きな参考となる。ジェローム・ブルーナーは20世紀を通じて，人間の知性と感情の基礎，つまり心がどのように育つかを探究したアメリカの認知心理学者である。彼は，ロシアの心理学者であり言語学者でもあったヴィゴツキーの「最近接発達領域」（zone of proximal development）やピアジェの発達心理学からヒントを得て，子どもが発達する上での「足場作り」（scaffolding）の重要性を指摘した。

　最近接発達領域とは，「自分の思考を系統だてるのに，独力でできるようになるまでは，手がかりを使ったり他者の援助を利用したりしてそれをする，その子どもの能力に存在する」ものである。子どもは，「他者の援助を利用することによって，自分のコントロールの下に意識やパースペクティブをおさめ，そうやって『より高次の基盤』に達する」（ブルーナー，1993，227ページ）。新しい高次の概念の獲得が，低次の概念の意味を変えていく。代数の概念を知れば，算数の概念をより広い視点からみることができるようになる。ピアジェの発達観がきわめて静的であるのに対し，ヴィゴツキーはより機能的な発達の考え方をもたらしたのである。しかし，その「手がかり」の重要な教育的役割を強調したのがブルーナーであった。

　彼は，心の成長が次の3つの手段で行われると考えた。「心的成長の陰には，それよりもっとずっと豊かな光景があると私には思われた。人間は，世界に関する自分の知識を3つの仕方で表象する。ひとつは習慣や行為を通じて，すなわち，どうしたらいいかを知る。二番目は心象を通じて，すなわち事象や関係の描写である。最後にわれわれは言語や数学のような象徴体系によって事物を表象し，それによって事物を『知る』。いかなる領域であれ，それを習得してゆくということは，ほとんどの場合，表象の3つの様式の使用を（典型的には，

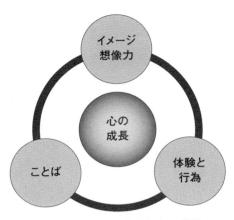

図1-2　知識の表現と心の成長

動作的表象から映像的表象を経て，象徴的表象へと進んでいく）含んでいた。実際，理解は3つの様式をすべて用いることによって深化されうる」(同上書，230-231ページ)。

　ブルーナーにとってこの3つの様式は，必ずしもどれかが絶対すべての子どもに有効ということではなく，もし，ある様式が他の様式より子どもにとって容易なら，子どもの援助は容易な様式から他の様式に進んでもかまわない。だから，実際の行為によってまず問題を習得し，それから絵や言葉へ進んでもいいし，絵や言葉を経験してから，イメージに移ってもかまわない。図1-2に示したように，この3つの様式は，読書という活動がもつ教育的意義を考える上で非常に重要である。

　彼は，この表象の様式のうち，動作的表象としての知識を行為や体験の習慣として保存すること，映像的表象はイメージでの保存であり，象徴的表現とは言語のような象徴体系による保存であると考えた。彼はまず，動作的様式があり，映像的様式，最後に象徴的様式がくると考え，その媒介となる文化の道具や，乳幼児の発達についての調査研究を行った。その過程でロシアの研究や言語学の研究を取り入れていった。

第1章　発達に応じた読書

　なかでも，1950年代に言語の生成文法論で大きな変革を成したノアム・チョムスキーもブルーナーの言語発達論に影響を及ぼした。チョムスキーは，生得的な「言語習得装置（Language Acquisition Device）」が人にはあると考えた。しかし，ブルーナーは，その装置を作動させるための「言語習得援助装置（Language Acqusition Support System）」が後天的に備えられてこそ乳児は言葉の使い方を学ぶとし，そのための「足場かけ」の重要性を提唱したのである。

(2) 子どもの発達に重要な読書

　ことば以前の段階から，ことばを用いたコミュニケーションの研究として，実際に母親と子どもの関係をみつめながら，母親による「言語的指示」や子どもの「注視」の観察などの研究を行う中で，ブルーナーが考えたのは，ことばの発達にとって重要な足場となる言語の行為である。言語の行為が行われるフォーマットの確立が発達には重要となる。その完璧なフォーマットとしてブルーナーは，親子の読書活動に注目した。フォーマットとは，親と子どもが言葉によって何かをなしとげようという意図を共有する課題である。その課題を，子どものできないことを，親がしてあげる。ひとたび子どもができるようになれば，以後は子どもがひとりでするようになる。親が本の中のお馴染みの絵を指示して命名する。その指示によって子どもは手がかりをえる。事物や事象を表す音声を理解する。子どもの足場として，親は注意を引きつけ，問いを発し，名称がわからなければ答えを教え，子どもは答えて確認する。言葉の力の発達にしたがって，親は次第に課題のレベルをあげていく。

　この読書というフォーマットによって，子どもは文化とその言語に関わっていく。言語的慣習の中で子どもは次第に自分の課題を作り出すようになっていく。自ら本を読み，言葉や文字を学んでいくのである。自分の課題を探求し，親子の反応，行為や相互作用の中へ言語を埋め込む様式が，言語習得援助装置として働くのである。

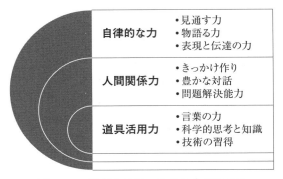

図1-3　読書の効果：生きる力を育てる

(3) 読書の効果

　新たな学習指導要領においては，学校が生きる力を児童・生徒に育てることや，言語力の向上を目指している。読書は，言語力を育てるだけでなく，生きる力を身につける最も基礎的な方法でもある。生きる力は，OECDが提起した「キー・コンピテンシー」に対応する概念としている。キー・コンピテンシーとは，振り返りの活動を中核として，道具を活用する力，自律的にふるまう力，異質な人間関係の中で生きる力とされる。図1-3に示したように，読書教育によって，これら3つの力をすべて育てていくことができる。

　また，生きる力は，英語で「zest for living」と表現されるが，このzestという言葉には，熱意や意欲という意味とは別に，面白みや興味という意味もある。道具としての読書だけではなく，遊び，楽しみとしての読書の働きも重要である。たとえば，ブルーナーは，意識の理論には，トラブル理論とzest理論があるとした。前者が問題解決のための意識の機能を説明するのに対して，後者は道具としてだけではなく，人生の装飾品としての意識をもつことにも価値があるというのである。読書の楽しみは，一生の財産となるからである。

第1章　発達に応じた読書

3. 発達に応じた読書教育の方法

　生きる力となる読書についての知識やスキル，そして読書を楽しむ態度をどのようにして身につければよいか，特に，子どもたちの発達に応じて，教育者はどのように読書教育を行えばよいか。まずは教育者として学習者の足場を作り，学習者が自立的な読書を行うようになれば，今度は支援者としてその自発性や自律性を尊重し，いろんな資源や道具，内容を提供できるようにし，高度な読書そのものの知識やスキル，体力を身につけていくように配慮する。各段階のポイントを整理しておこう。

(1) **就学前期**
【乳幼児期の特性】
　出生後，小学校に行くまでの就学前期は，乳幼児期と呼ばれる。この時期は，基本的な生活習慣が身につく時である。この時期には，親や家族との安定した情緒的つながりが大切であり，人間への信頼関係の基礎が作られる。同時に歩行や食べること，排泄の躾けによって自立的に行動できるようになる。また，話すことと同時に，人や事物へのいろんな好奇心から単純な概念が形成され，生活のルールを学びながら善悪の判断がつき良心が生み出される。
　こうした発達を支える上で，家族の支援が不可欠となる。親が愛情いっぱいの語りかけをしたり，物の名前を指示しながら教えたり，遊びを通じていろいろな体験をしていくことが発達を促す。幼児期には，集団生活の過程で，親以外の大人や他の子どもたちとの関係，自然や動植物との関係を作りながら，その子ども自身の自立性や好奇心，人や命への思いやりや物の大切さ，広い世界のことを育くみ，学んでいくことが必要となる。

【読書指導の工夫】
　乳幼児期の読書にとって，家族は大きな役割を果たす。語りかけから，絵本を使った読み聞かせを親が自発的に，継続的に行える工夫が必要となる。その

ためには，地域の公共図書館が，出生前後の親を対象に絵本の選び方や読み聞かせの方法を学ぶ講座を開設したりできる。すでに多くの自治体では，0歳児，3歳児検診の際に本を配布するブックスタート事業が行われているが，絵本の楽しさと親子のふれあいの機会を，公共図書館でも提供していきたい。親が乳幼児と気軽に利用できる「赤ちゃんタイム」やお話し会，絵本の楽しさを大人も学ぶ講演会，育児のための図書館利用の促進，保育園や幼稚園，児童館，家庭文庫との連携によって，親が家族とともに読書を習慣化する工夫が重要となる。「家読」（うちどく）や「ファミリーブックタイム」運動によって，大人が子どもと読書を楽しむ環境を就学前から作り出していくのである。

(2) 小学校低学年

【低学年の特性】

　学校への入学と同時に，子どもは学校や教師との出会いの時を迎える。そこで，ことばだけでなく文字を習い，読み書き算の基本的能力を身につけるとともに，遊びを含む身体的能力や学習態度の基礎が培われる。特に重要な点は，集団生活や家庭生活の中で，依存から自立への大きな飛躍が行われる時となるため，自分がどれだけのことができるか，自信や有能感が育まれる時期となる。学校での組織的な教育の中で目標のために活動するということを考えるようになり，規則的な活動の中で社会のルールを覚え，勤勉性も養われる。ことばや文字，概念の発達が飛躍的に進む。高学年の子どもたちや地域の人びととの交流が進むと，教師を含めて，親以外の模範となる人びと（重要な他者）との出会いの時期となる。他方，教師にとっては父母との出会いや学校への父母の参加を促す時ともなる。

【読書指導の工夫】

　まず，字を読め，文字を書けるようになっても，親は子どもとの読み聞かせを続けたい。物語の内容やことばを深く理解し，学校への適応を進める上で，読み聞かせの機会は重要となる。物語性のやや複雑な本に出会う時期でもあるが，一方で，やさしい読み物を，楽しんで読もうとする習慣を身につけ，生活

や学習に必要な情報を見つける力を育てる。

　初めての学校での読書環境は，その後の読書人生に大きな影響をもたらす。学校図書館や学級文庫で，低学年の子どもが喜ぶ本の選書基準として，渋谷清視は次のような点をあげている（渋谷清視『小学校低学年の読書教育』1988, 205-208ページ）。

① 魅力ある主人公の行動を描くなかで，幼年期の子ども特有の健康な生活感情が，のびやかに，ぴちぴちと表現されているもの（『くまの子ウーフ』や『ロッタちゃんのひっこし』など）

② こどもたちの脳裡に，あざやかな美しいイメージを植え付け蓄積するもので，そのことを通して，こよなく美を愛する心を，はぐくむのに役立つ作品（『モチモチの木』や『かさじぞう』など）

③ みずから考え判断して，自主的・自発的に行動するさまを描き，それがたとえ失敗しても，屈することなく繰り返してチャレンジする主人公像を，あざやかに造形してみせるもの（『龍の子太郎』や『小さい魔女』など）

　また，お話し本だけではなく，絵入りの多様な領域の本があることを紹介する。いろんな事典や伝記，科学書，ドキュメントなど本の世界の広さと楽しさを体験することがこの時期の子どもの大きな好奇心を育てる。一方，図書館利用の基本的なスキルとして，本の探し方や図鑑の読み方を教えていくプログラムを提供する。

(3) 小学校中学年

【中学年の特性】

　幼児期のバランスの悪い体型から均整がとれた体型に変わり，子どもたちの関心がどんどん外へと向かう時期である。自転車で遠出をするなど活発な行動を伴う時でもある。集団活動に入り，かつてはギャングエイジと呼ばれた時期だが，遊び場がなくなり，集団で遊ぶ機会が少なくなる現代では，人間関係力をつけることが難しいという課題をもっている。また次第に授業についていけ

ない子が現れ，4年生の頃のつまずきがずっと後にまで後を引くこととなる。ところが，テレビやテレビゲームだけではなく，塾やおけいこごとに行く子どもたちも増え始める。読み書き能力の点でも，何でも書けばいいという低学年ではなく，中学年では，書く前にテーマを設定し，あらかじめ文章の構想をもつ考える力が求められるようになる。読書も，絵本から文字や活字への移行の時期にあたる。書きことばをしっかり獲得し，抽象的な概念を少しずつ学ぶ時期である。

【読書指導の工夫】

読書の量と範囲を広げ，学習や生活に活かす習慣を身につける。物語本だけではなく，伝記や科学書などさらに幅広い領域の本や，新聞や事典・辞典，地域の資料などの資料を収集・整備し，自分で調べる学習に役立てる力を育てる。図書館利用のスキルとしては，分類の仕組みや辞書の引き方，本の構成などを教える。

中学年以上になると，次第に読書の時間が減少していく可能性がある。その条件も含めて，読書離れが進行するため，教員だけではなく，家庭も参加した読書指導が必要となってくる。家庭における読書環境を育てるためには，PTAを活用した図書委員会活動を積極的に進めていきたいし，地域の他の図書館，博物館，美術館など多様な教育施設との連携により，資料の利用法を工夫する。

(4) **小学校高学年**

【高学年の特性】

小学校高学年の子どもは，知的にも身体的にも急速に成長する。身体的な発達に伴って多くの体験をする機会も増えるだけではなく，知的には脳の発達が言語力を大きく伸ばす機会でもある。長時間の読書にも耐えられる読書の体力が向上するし，語彙も豊かになり，抽象的，論理的な思考もできるようになるので，想像力も大きく発達する。

他方，中学年からは，塾やけいこ事，スポーツ活動に使う時間も増えるため，

第1章　発達に応じた読書

読書の時間が少なくなり，読みたくても読めないという環境が生じてくる。しかし，読める時間が少なくなっても，読みたいと思う子どもが減ったわけではない。そこで短い時間でも読書を行える機会を作るという，読書指導のさらなる工夫が必要となってくる。

同時に，この時期の子どもたちには，異性への関心も高まり，大人の世界への参加の欲求も高まるため，青年期に備えて仕事や家族について考える機会を増やして社会性を発達させていく必要がある。

【読書指導の工夫】

そのためには，読書を通じて，他者や地域と関わる参加の機会を増やすような方法を導入していきたい。学習者として成長した子どもたちに，読書を通して，知識を増やし，心情を豊かにし，考える力を育てる。特定の作家やテーマへの集中，自分にとって大切な本の選択や嗜好性が強まる時期であるから，多様な領域，フィクションに限らずノンフィクションも，社会科学から自然科学へと，広く，深い領域にわたる本の紹介を行っていきたい。子どもたちそれぞれの個性や関心に応じた読書指導が重要となってくる。教師自身がテーマを設定したブックトークを行うことによって体系的な読書への道を開く。また，高学年は，継続的な読書や，体系的な読書習慣が身につくなど，読書の体力が大きく伸びる時期となるので，長編小説やシリーズ本の紹介も有効となる。

この段階では，読書を含めた学習の資料を学習の目的に応じて，積極的に活用する力を育てることが重要となる。その点で，社会性を身につけるとともに，自分の読んだ本を人に紹介することによって，表現力を高めることもできるので，生徒同士でのブックトークの機会も作りたい。また，高学年から低学年への読み聞かせを行うプログラムは，児童や生徒自身の読む力，話す力を高めるだけでなく，本の理解を深め，小さな子どもを教える機会を提供することができる。高学年でも絵本を読むことへの抵抗感をなくすチャンスとなる。

他方，高学年になると，集中力もたかまると同時に身体的・精神的にも不安定な時期となる。そこで，読書環境としては，落ち着いた読書の時間を確保する工夫も重要となる。

(5) **中学生から高校生**

【中学生・高校生の特性】

　中学生から高校生にかけての時期は，自分の将来や生き方を考えはじめ，自立性が大きく育つ時期である。また，身体だけでなく感性や理性，そして社会性も急速に伸びるので，成人や地域との橋渡しとなる読書環境を公共図書館と協力しながら整備する必要がある。求められる知識や情報の量と内容も学校図書館だけでは応じられないほど広く大きく，深くなる。同時に，学校環境としては，専門的な教科学習が主となり，読書を継続的に指導する担任がいなくなるため，学校での読書の時間がさらに減少する傾向にある。放課後も部活や塾の時間にとられ，家庭では受験勉強の比重が増すため，一日にまとまった読書時間を取るのがさらにむずかしい環境になる。

　特に，小学校高学年から中学生，高校生にかけての読書活動の特徴は，テレビや映画などのマス・メディアと連動した作品が好まれる点にある。

【読書指導の工夫】

　小学生の時の読書体験が豊かな子どもとそうでない子どもの差が大きくなるため，読書体験の貧しい生徒にも基本的な読書の力や図書館利用と学習のスキルをつけていく指導が必要となる。また，個性にあった自主的，自律的な読書活動とともに，その社会性の向上に応じて，地域の社会参加と結びついた読書活動のプログラムを考える。部活動や受験が中心になる傾向に対しては，朝読などで読書の時間を確保し，読書の習慣化を図るとともに，いっそう授業と連携した読書指導や進路選択に関わる内容の選書が重要となる。一方，十分な知識の量やその深まりに応じて，読書の体力がつくように，自分で本を選び，読み，内容を理解して発表したり，「書くこと」を通じて表現する機会を増やす。思考力，判断力，表現力を育てるため，読書を通した言語力の育成がどのような教科の学習にも役立つことを知っておきたい。科学的な根拠を用いる論理的思考と他者を思いやる心，計画力や問題解決力につながる物語的思考が読書によって育つのである。

　また，学校図書館の情報センターとしての機能が小学校以上に重要となるた

め，生徒たちがICTを含めた多様なメディアの総合的な活用が図れるようにし，情報収集・整理・活用のスキル向上やその活用を図る支援が求められる。

4. 読書が育てる心と文化

(1) ことばと体験とイメージ

　ブルーナーが述べたことばと体験とイメージへの配慮は，乳幼児期から重要となる。たとえば，長田弘は，優れた絵本には3つの条件があるという。それは，古くて年取ったもの，小さいもの，大切なものの3つだという。有名な『ごんぎつね』には，おばあさんや古くからの言い伝え，小さなきつね，そして魚やきつねの命という大切なものが三原色となって現れ，子どもたちが惹きつけられていく。恋愛小説を読むとき，青年と大人では体験によってまったく違った意味をそこから読み取る。絵本や図鑑のイメージは，ことばや概念を形づくる。読書は多様な形で，人それぞれに新たな体験と心を育て，社会の新たな文化を育てていく。

(2) 読書教育と情報処理教育

　また，中学生や高校生になって重視される情報教育について考える時には，長田弘の次のことばに注意したい。「読書と情報は，一見とてもよく似ている。似ているけれども，お互い以て非なるものです。読書は情報の道具ではないし，情報によって読書に代えるというわけにはゆかないからです。簡単に言ってしまえば，読書というのは『育てる』文化なのです。対して，情報というのは本質的に『分ける』文化です」（長田弘，2006，197ページ）。

　では，分ける文化と育てる文化を繋ぐにはどうすればよいか。長田はこの2つの文化を結ぶ繋ぎとして，「蓄える」場所としての図書館の重要性を指摘する。

　しかし，この蓄える文化についても，ひとつの反論がある。それは，ブルーナーがいう知識の生成性である。「知識とは，たくわえではない。科学や数学

において『学ぶ』ことの大半は，すでに『知って』いるものだ。多くの場合『学習』は，現在考えていることを超えて進むために，すでに知っていることをいかに使うか，その方法を見つけ出すことである。それをするには，いくつものやり方がある。(中略)あるものがどのように組み立てられているかを知ることは，それについての無数の事実を知ることにも値する。それによって，それを越えて進んでいくことができる」(ブルーナー，1993, 297ページ)。

　子ども達が知識を単に記憶するのではなく，新たな知識を生成し，活用することができるような読書教育の環境づくりが今後は求められる。

参考文献
日本子どもの本研究会編『幼児の読書教育』国土社，1988
同編『小学校低学年の読書教育』国土社，1988
同編『小学校中学年の読書教育』国土社，1988
同編『小学校高学年の読書教育』国土社，1988
同編『中学校の読書教育』国土社，1988
亀村五郎『読書指導』百合出版，1975
ブルーナー,J.著，田中一彦訳『心を探して』みすず書房，1993
長田弘『読書からはじまる』NHK出版，2006
吉田新一郎『読む力はこうしてつける』新評論，2010
OECD教育研究革新センター編，立田慶裕・平沢安政監訳『学習の本質―研究の活用から実践へ』明石書店，2013

第2章

読書教育の担い手

　子どもにとっての最初の読書教育の担い手は親である。幼い頃に親に抱かれて子守歌とともに，絵本や童話の頁に目をやった人は大勢いるであろう。時には親が物語を創ったり，「語り」をすることで，本のストーリーが子どもに伝わったという思い出のある人もいるに違いない。

　少し成長すると，保育所（園）や幼稚園の先生方から読書教育を受けることになり，子どもにとって世界が広くなるという経験が生じる。お話しの時間とともに，本読みの時間が活動プログラムに組まれる。

　学校に入学した子どもにとっての学校図書館での読書教育の指導者というならば，一般的には教員ということになるが，有資格者である学校図書館司書教諭だけでなく，資格はないが学校図書館を運営している学校図書館司書や学校図書館支援員と呼ばれるような担当職員がおられ，加えて学校支援ボランティアのような支援者もいる。

　学校図書館以外の読書教育の場として活用されるのは公共図書館であり，公共図書館で働いている読書教育の担い手となると，図書館司書や施設職員などの職があり，さらに図書館を活動拠点にしている読書ボランティアも加えなければならないだろう。

　このように，人間の発達段階に応じて読書教育の担い手も変化するが，ここでは学校図書館における読書教育の担い手と考えられる人たちを中心とした読書教育の進め方について，さらに学校図書館専門職員が置かれている立場や読書教育で果たす役割等について述べていくことにする。

1. 読書教育と一般教職員

　すべての教員には，学校図書館を利用して読書教育を行うことが求められており，実際には，読書指導，読み聞かせ，調べ学習や総合的な学習の時間における図書資料の活用，「朝読（朝の読書）」や「自由読書時間」などの学校をあげての活動があり，こうした仕事以外に学校図書館に関わる事務や学級文庫の管理といったこともある。

　教員が関わる読書教育は多方面にわたるが，基本となるのは読書指導である。読書指導は，「読み方指導」と「読解指導」に始まり，本や資料の見方，考え方，感じ方などを深く考えながら読み取るというレベルに発展するものである。「読むこと」の能力を養う指導であることから，国語科などの教科教育だけでなく，すべての教育課程で行われるべきものであり，全教職員が読書指導に取り組むことが期待されている。

　読書教育においては，「読むこと」だけでなく，国語辞典や漢和辞典等の辞書類の助けやIT情報も必要であり，教育を支援するツールの利用法を子どもたちの身につけさせる指導も必要となる。

　読み聞かせは，学校生活の中で適宜実施される。朝読の時間や授業開始前，学級活動（ホームルーム活動）の時間，小・中学校での給食中や給食後のひととき，終礼の時間や下校前の学級活動，天候の問題や教員の出張や休暇等の理由で発生する時間に，教員が聞かせたい本や子どもたちからのリクエストに応じた本を読み聞かせる。

　調べ学習や総合的学習の時間における図書資料の活用については，メディア活用の方法を学ばせることなどを通じて，子どもたちに自己学習力や自己教育力を身につけさせる機会である。学級担任や教科担当の教員が，学校司書等の学校図書館専門職員と連携して取り組むべき課題でもある。「朝読」や「自由読書時間」などの全校一斉読書活動については，すでに多くの学校で取り組まれており，国立青少年教育推進機構調査では小・中学校で9割以上，高等学校

でも約半数の学校が実施していると回答している。

　すべての教員が読書教育を進めていくために，学校には校務分掌としての読書教育推進体制が位置づけられ，学校図書館係が校務分掌として配置されて当該校の読書教育の中心となっている学校が多い。高等学校等においては図書館部とか視聴覚教育部といった部署に所属する場合もある。学校図書館係においては，学校図書館司書教諭（以下，司書教諭）等の学校図書館の専門職員が指導的立場に立ち，全教職員の協力を得ながら全校あげての読書教育を推進することになる。

　学校図書館係の具体的な仕事内容をあげると，次のようなことが考えられる。① 学校図書館（読書教育）に関わる年間計画の作成・提案，② 本の整理整頓，③ 本の修理，④ 新しい本の購入等である。

　学校図書館係が中心となって行われている学校行事には，読書週間，読書会や読書感想文コンクールなどがあり，また近年盛んに行われている「朝読」の時間や「自由読書時間」において，児童生徒の相談相手になったり，推薦図書を提示したりすることなど，仕事は広がっているのが現状である。学校図書館係が教員である場合は，学校図書館の環境整備を軸として職務に携わっている学校図書館司書（以下，学校司書）とは違って，読書指導に重点が置かれる。子どもたちの学習ニーズを把握し，必要とする本を司書教諭や学校司書に伝えたり，選書時に適切な判断をしたり，児童生徒の図書委員会の運営に関わったり，課外活動としての図書館クラブ活動を指導したりすることが多い。

2. 学校図書館の専門職員

　学校図書館で職務を行う専門職員を代表するのは司書教諭であるが，ほかに学校司書や学校図書館支援員（以下，支援員）などと呼ばれる学校図書館担当職員がいる。この学校司書や支援員は，学校図書館専門職員として考えられているが，資格に基づく身分を表す職名ではなく，職種としても明確な規定はないが，司書教諭と協力して学校図書館を運営する重要なスタッフである。実際

に学校司書や支援員をみると、教員免許や図書館司書資格を持つ人もおり、図書館に対する専門的知識と技能を有し、教育委員会によって正規職員として採用されている人もいる。学校司書や支援員のような学校図書館担当職員の勤務形態や職務内容は、自治体や学校によってさまざまであり、実態としては現場に任されているのが通常である。要するに、制度的に整備されていないのが現状であり、学校図書館担当職員の資格の整備と身分の確立については、今後の重要な課題として考えねばならない。

学校図書館の専門職員の職務については、研究者である塩見昇氏が『学校図書館職員論』（169-171ページ）で示された内容がよく参考になるので以下に引用する。

《学校図書館を学校教育に生かす経営・管理の職務》
☆学校図書館経営の基本方針の立案と実施に関すること
　　年間運営（事業）計画の作成、職員会議・学年会議等への提案、図書館運営会議の主催、図書館諸規則の立案、校内各部門との連絡・調整
☆予算案の作成と支出の調整、決算報告に関すること
☆事業報告、点検・評価に関すること
　　各種統計の作成と分析、利用調査の実施・分析
☆校内研修に関すること
☆学外諸組織・機関との連携に関すること
　　研究組織、図書館関係団体等との連携・協力、協力組織（ネットワーク）への参画
《学校の教育活動、子どもの成長に資するサービスの職務》
☆児童生徒の求めに応じる資料・情報の提供に関すること。
　　貸出、予約の受付と処理、読書相談、資料相談（レファレンス・サービス）、情報源案内（レフェラル・サービス）、複写サービス
☆教師に対するレファレンス・サービス
☆資料の紹介と案内に関すること
　　図書館からの情報発信としての資料展示、ブックリスト作成、校内放送
　　求めに応じて授業等において行う資料紹介、読み聞かせ、ブックトークなど
☆他の図書館との連携・協力に関すること

第2章 読書教育の担い手

　　　資料の貸借・相談などの相互協力
☆図書館を場とする文化活動の企画と実施（生徒図書委員会活動の支援を含めて）
《図書館教育の展開への支援と協力の職務》
☆教育情報の収集と整備，紹介
☆利用教育・読書教育の指導計画立案と教師への助言，教材資料の開発
☆利用教育・読書教育の担当（求めに応じての部分的な担当，授業への参加を含めて）
☆実践記録の集積
☆研究会の主催と運営
《学校図書館の内実を整備する間接サービス・技術的処理の職務》
☆図書館蔵書（コレクション）の構成に関すること。
　　　資料の選択，受け入れ，分類，検索手段の整備，データベースの形成，装備
☆出版情報，メディアの動向についての情報収集に関すること
☆書架の整備に関すること
　　　配架，書架案内の作成，蔵書点検，除籍
☆求めに応ずる教材資料の作成
☆機器管理に関すること
　　　視聴覚器材・コンピュータ端末機等の維持管理

(1) 学校図書館司書教諭

　学校図書館は，1953（昭和28）年に制定された学校図書館法（その後8回改訂）によって規定されており，第5条で学校図書館の専門的職務を掌らせるため，司書教諭を置かねばならないとしている。この身分は，主幹教諭，指導教諭または教諭でもって充てられることからも教員身分であることが条件とされ，当該の主幹教諭等については，司書教諭の養成のための講習を受けなければならない。したがって学校教育に比重が置かれる職務であり，後述するが，学校司書とは，職務の点では性格をやや異にする。司書教諭は教員身分であることから，学校図書館を活用した授業を実施・支援したり，他の教員に対して教材資料の提供などの相談を受けることに努めている。

　司書教諭は，学校図書館を効果的に活用して，学校における児童・生徒の読書活動や学習活動を推進する役割をもつ指導者であり，学校におけるさまざ

な読書活動や学習活動の中核となる職務であるといえよう。具体的な職務をあげると，児童・生徒に対する読書指導，児童・生徒および教員に対する資料の提示と相談活動，学校図書館利用のためのガイダンス，特別活動としての児童会や生徒会に属する図書委員に対する指導，読書会や輪読会等の読書イベントの企画立案などの指導的な仕事がある。次に図書館資料の収集の一環としての資料購入のための選択，「見計らい図書」の検討，日本十進分類法に基づいての図書資料の分類作業，学校図書館所蔵図書資料の内容に関する研究と紹介等の広報活動などの専門的職務の遂行が求められている。

加えて，学校全体の運営に関わる学校図書館の運営企画，事業計画の立案，予算案の編制，学校図書館と活動に対する評価，公共図書館との連携に加えて学校図書館支援者との話し合いなどの運営管理的な仕事がある。

このほかに，司書教諭を「メディア専門職」という位置づけにしようとする意見も出てきている。この位置づけについては，図書館情報学（LIS）分野での米国図書館協会（ALA）認定プログラムにおいて，情報専門家の育成をめざしているものが少なくなく，技術や教育計画が重視されつつあるという指摘がある。事実，1990年代には，学校図書館メディア専門家（SLMS）の教育プログラムが全米の高等教育機関で200校あったことが報告されている。わが国においても，1996年6月の中央教育審議会答申において，高度情報通信社会に対応する「新しい学校」の構築が求められ，そこで学校図書館が「学習情報センター」としての機能の充実を図る必要性があり，司書教諭の役割はますます重要になると考えられている。

それでは，学校における司書教諭の現状はどうであろうか。国立青少年教育振興機構調査では，司書教諭が発令されている小学校は54.5%，中学校は57.8%，高等学校は70.9%であり，過半数の学校では発令されていることが分かった。各学校に司書教諭の有資格者数をたずねたところ，「1～3人いる」と回答した小学校が61.8%，中学校が74.7%，高等学校が74.7%であった。「4人以上いる」となると，小学校・高等学校で17%弱，中学校では7%少々であった。一方，有資格者がいない小学校が21.7%，中学校が18.0%，高等学校

が8.4％あり，司書教諭養成が急がれるとともに，養成制度の改革も求められる。

次に，同調査で司書教諭が授業時数減等の職務軽減措置が採られているかどうかを聞いたところ，「軽減されていない」と回答した学校は小・中・高校の平均で約85％であった。また軽減されている学校の場合は，およそ100時間が目安になっている。こうした数字が示す現状には多くの課題があることが分かる。

(2) 学校図書館担当職員（学校司書・支援員）

学校図書館の専門職員として，司書教諭以外に学校司書や支援員が配置されている学校では，学校司書や支援員の職務は，教科・科目，道徳（高等学校を除く），総合的学習の時間，特別活動や外国語活動（小学校のみ）における学習指導に対する普段の支援活動が主となっている。授業等で必要な資料や情報の収集，整理（分類）・保存，新しい資料や情報への更新，学習指導要領や教科書等と関連した資料や情報の検索一覧の作成，利用相談などの仕事を行う。

学校司書や支援員等の学校図書館担当職員の現状について，国立青少年教育振興機構調査をみてみよう。担当職員が配置されている小学校は54.7％，中学校は55.2％，高等学校は69.9％で，過半数の学校では担当職員が勤務していることが判明した。その人数を調べた結果では，「常勤職員が1名」と回答した小学校が17.8％。中学校が21.3％，高等学校が74.0％であり，高等学校が多いのが目立つ。これを「非常勤職員が1名」というカテゴリーで見ると，小学校が39.3％，中学校が32.9％，高等学校が15.5％となっている。

ボランティア的な立場の人も含めた地域住民が支援員をしている現状については，「1名以上」と回答した小学校が51.1％，中学校が51.6％，高等学校が11.0％であった。この結果からも，小・中学校が地域住民との密着度が高いことが分かる。

次に学校司書について考えてみよう。学校司書は，司書教諭と共に学校図書館運営の柱となる職務であることから，学校図書館についての専門的知識と技

能を有することが必要であり，児童・生徒や教員のニーズをいち早く受け止めて対応するなど，学校図書館サービス体制の確立に不可欠な人員といえよう。

　学校司書の職務の重要性から，文部科学省は学校図書館整備施策として，平成24年からの5か年計画で，小学校に約9,800人，中学校に約4,500人分の学校司書を配置する予算として約150億円を計上した。1週あたり30時間の職員を，おおむね2校に1名程度配置することが可能となる規模である。今後は，学校司書の専門的知識や技能を評価する意味も込めて，学校図書館法を改正し，学校司書の法的な位置づけを明確にすることが重要であろう。

　次に，いくつかの自治体における学校司書や支援員等の学校図書館担当職員募集要項から，学校図書館担当職員が置かれている現状をみてみよう。募集にあたって示されている「仕事内容」については，「学区内の小・中学校を巡回し，司書教諭や図書館ボランティア等と連携しながら，図書に関する専門的な知識を基に学校図書館教育を支援します。特に，司書教諭と児童生徒，司書教諭と学校ボランティアの橋掛かりとなり，図書の選定や学校図書館の整備，学校図書館を活用した授業の支援を行います。」(蕨市)という自治体や，募集の趣旨を「学校図書館の円滑な運営や児童生徒の読書活動の活性化を図ることを目的に，各小中学校に学校図書館運営支援員を置き，教員の業務を支援しています」とした上で，活動内容について，「校長の指揮監督のもと，担当職員と連携して次の活動を行います。1．図書の購入計画の作成及び図書の受入や廃棄，2．コンピュータによる図書の管理等，3．図書の整理や図書館の環境美化，4．児童生徒の図書館の利用や図書館を活用した学習の支援，5．その他，図書館運営や読書活動推進に関する活動の支援」(松山市)といった自治体がある。

　前者のように，連携・協力の要としての役割に重点を置いた自治体と，後者のように学校教育の補完的な役割に重点を置く自治体とに二分されているようである。

　応募条件をみると，学校教育や学校図書館教育に理解があること，司書資格や司書教諭資格を有することやパソコンの基本操作ができることなどがあげら

れている。勤務条件としては，3～4校の掛け持ちというものもあれば，夏休み中の勤務を求める所もある。

　学校司書が司書教諭とは異なる性格をもつ職務であることを前述しているが，職務内容においては児童・生徒指導につながるものがあり，学校教育の一部を担うという点については教員に近い存在であるといえよう。実際の現場においては，教員の仕事が多忙を極めるために学校図書館運営に時間を割くことができず，そのために学校司書が前面に立って児童・生徒の学校図書館利用への対応に努めているケースも多い。したがって，児童・生徒との密着度という点では教員以上の人もいる。

3. 学校図書館ボランティア

　学校図書館担当職員にもボランティアの身分の人が多くいるが，ここでいう学校図書館ボランティアは，教職員，司書教諭，学校司書及び支援員ら学校図書館担当職員と協力して学校図書館のさまざまな業務に関わる人あるいはサークルのことである。

　読書サークルとして集団で関わる場合も多く，サークル自身が保有するさまざまなノウハウを提供することができるという利点がある。サークルが中心となって，学校でお話し会を開き，本を使った遊びを教えたり，読み聞かせ，紙芝居，ブックトーク，ブックディベート，ストーリーテリングなどの活動を計画，実施する。その意味で司書教諭・教諭や学校図書館担当職員とは異なった役割を担っているといえよう。

　ボランティア活動を進めてこられた人から話を聞くと，ボランティアが主導する学校図書館活動が，児童・生徒にとっての「居場所」を提供するとともに，教員，保護者との交流を通して地域形成につながっているという指摘があった。今後さらに学校支援ボランティアへの要求が高まることが予想される。

4. 公共図書館からの支援

　公共図書館の図書館司書，施設職員や読書ボランティアが行っている読書教育と学校図書館との連携・協力についても触れておきたい。
　公共図書館の任務には，地域における図書サービスが重要な課題として認識されており，なかでも地域の学校との連携・協力を推進することが求められている。しかしながら公共図書館と学校との連携・協力については未だ入り口の段階にある。その理由としては，公共図書館と学校の双方において，しかるべき担当者がだれであるのかという最初の交渉相手が不明であり，両者の間に立つコーディネーター役の人の存在が明確でないために，意思疎通を欠いてしまうという現状がある。さらに公共図書館側からは，学校や学校図書館の考え方や，公共図書館に何を求めているのかというニーズがよく分からないという意見を多く聞く。また学校教育に対する配慮から図書館サービスを控えるということもあるようだ。一方，学校教員にしても，社会教育の場である公共図書館の役割や機能についての理解が不足しているという実態がある。何を期待して良いのかがよく分からないということになる。
　自治体のなかには，図書館司書と教育委員会や学校とが話し合いを行い，公共図書館への見学，公共図書館が保有する学習教材の貸出，公共図書館が実施している読書活動への児童・生徒の参加，ブックモービルを活用した団体貸出などの試みを進めている所がある。交流が進展した結果，教員が図書相談に訪問したり，公共図書館での調べ学習を企画したりするようになったとされる。
　今後，連携・協力を進めていこうとするならば，公共図書館と常に連絡が取れる要員が重要となり，学校司書を学校に配置するなどの措置を講じる必要があるし，そのことからも司書教諭のコーディネーター機能が活用されねばならないだろう。

5. 外国における読書教育支援者

　外国における読書教育支援者のモデルとして，フランスにおけるアニメーターがある。アニメーターとは，「文化施設や社会教育施設（博物館・美術館，余暇センター，老人ホーム，少年院などなど）で，インストラクター役，コーディネーター役を担う人たちのことである。基本的にはボランティアではなく，きちんと確立された職業である。アニメーターの活動範囲はきわめて広いが，教育現場に限っていえば，授業時間外で（昼休み，放課後，バカンス中），子どもたちの指導にあたっている。」という説明がある（辻由美，2008，14-15ページ）。

　フランスでは，「フランス読書協会」というNPO法人と国立教育学研究所が協力して，同国の小都市に国立読書教育センターを設置し，読書教育についての研究と実践を重ねたことから，パリに読書センターが設立されて読書プランが作成されている。このプランの中で示されたことが，パリ市内の全幼稚園と全小学校の学校図書館にアニメーターを配置することであった。

　児童文学等の領域についての理解が深いとされるアニメーターには，学校の教員にはない特性があるといわれおり，子どもたちに読書の喜びを喚起するのは教員よりもアニメーターの方が得意だという指摘もある。アニメーターと教員の両方が在籍する読書センターは，子どもたちに読書を奨励するプログラムを実施するだけでなく，学校と協力した読書活動を行っている。こうした取り組みによって子どもたちの読書意欲が増進し，読書力が比較的弱いとされたフランスの子どもたちに効果をもたらしたとされる。また教育省と書店の後援のもとに，高校生による文学賞の審査会も開かれ，読書教育に寄与している。

　フランスのアニメーターのような立場で読書活動を推進するような職務は，残念ながら日本には見当たらない。もし制度を導入とするならば，社会教育施設やNPOにおいて同様の取り組みを担ってもらうことが考えられるので，今後の検討課題に加える必要があろう。

参考文献
塩見昇『学校図書館職員論』教育史料出版会，2000
辻由美『読書教育』みすず書房，2008
国立青少年教育振興機構『子どもの読書活動と人材育成に関する調査』2013

第2部
読書教育のための学校環境

第3章

学校図書館の歴史

1. 制度としての学校図書館

　学校図書館が「学校教育において欠くことのできない基礎的な設備である」として設置義務が課せられたのは1953（昭和28）年8月8日に「学校図書館法」が公布されてからのことである。少し詳しく見ると，1947（昭和22）年に制定した「学校教育法施行規則」（省令）の第1条「学校には，その学校の目的を実現するために必要な校地，校舎，校具，運動場，図書館又は図書室，保健室その他の設備を設けなければならない」に端を発している。

　それ以前に文部省は『学校図書館の手引』（師範学校教科書，1948年）を発行し，学校図書館の意義と役割，組織，整備，運用，学習活動の例と評価を掲げて具体的に学校現場に学校図書館を活用するよう促している。この手引きは，深川恒喜事務官のもとで作成されたが，現在，読み返しても示唆に富み，学校図書館史を考察するときの基本文献である。

　そして，1948（昭和23）年文部省の『学校図書館の手引』の伝達講習会が学校図書館講習協議会として東（鴨川町，現千葉県鴨川市）と西（奈良県天理市）で開催されたのを契機に，松尾彌太郎（当時目黒区立緑が丘小学校教諭）の提案で「学校図書館が民主的な思考と，自主的な意思と，高度な文化とを創造するため教育活動において重要な役割と任務もっていると思う」（結成宣言より）として1950（昭和25）年2月27日に全国学校図書館協議会（全国SLA）が結成さ

れた。全国SLAは，はじめ事務局を東京都港区立氷川小学校（久米井東校長，当時）に置き，同年9月に機関誌『学校図書館』（月刊）を発行し，学校図書館の利活用とともに，積極的に条件整備運動を促進し，全国から925,000名の法制定を求める署名を集めることができた。その結果，超党派の議員立法として「学校図書館法」が1953年8月8日に公布された。

　学校図書館法は成立の時期が終戦後の困難な状況下にあったために制度として確立するには課題を抱えていたが，第1条で「学校図書館が，学校教育において欠くことのできない基礎的な設備であることにかんがみ，その健全な発達を図り，もって学校教育を充実することを目的とする」と明記している。

　また第2条で学校において「図書，視聴覚教育の資料，その他学校教育に必要な資料（図書館資料）を収集し，整理し，及び保存し，これを児童又は生徒及び教員の利用に供することによって，学校の教育課程の展開に寄与するとともに，児童又は生徒の健全な教養を育成することを目的として設けられる学校の設備をいう」と規定し，第3条で「学校には，学校図書館を設けなければならない」と設置義務を課したことはおおいに評価したい。さらに第4条で学校図書館の運営において「児童又は生徒及び教員の利用に供するもの」としたことは学校図書館が教員の教材研究の場としても有意義であることを示したものである。さらに第5条で「専門的職務を掌らせるため，司書教諭を置かなければならない」と司書教諭の必置を定めたことは極めて重要な規定である。

　しかし法律の施行（1954年4月1日）にあたって「附則2」で司書教諭の設置の特例が設けられ「学校には，当分の間，第5条第1項の規定にかかわらず，司書教諭を置かないことができる。」との規定がついて施行されたために，その後の学校図書館の経営は困難を極めることになった。

　ところで，第2次世界大戦後に，わが国で学校図書館が制度として確立する以前の学校教育の実践では「川井訓導事件」（1924年）に象徴されるように国定教科書を唯一の教材として教育が行われていた。川井訓導事件とは，1924（大正13）年9月5日長野県松本女子師範付属小学校で川井清一郎訓導が4年生の修身の授業視察を受けた時に，「修身」の教科書（国定教科書）を使わずに

第3章　学校図書館の歴史

森鷗外作『護持院原の敵討』を教材としたために，公立学校職員分限令によって休職処分を受けた事件であった。

つまり，学校図書館問題を考察するときに，戦後に，教員を中核として学校図書館法を制定し，なぜ素早く学校図書館を燎原の火のごとく全校に設置する事が出来たのか，米国教育使節団の来日（1946年，1950年）により示唆や助言を受けたことだけによるものではない，と歴史を顧みて正しく認識しておくことが必要である。

(1) 学校図書館前史——大正時代

大正時代の学校教育においては，複雑・多様化した社会の要請にこたえて，新しい人間形成の方法として，教師中心の画一的な詰め込み主義教育に批判がなされ，個性や自主性を尊重し，創造性を伸ばす教育方法が模索された。これは「新教育」と呼ばれ，範を欧米諸国に求めたドルトン・プラン，プロジェクト・メソッドや合科教授で，師範学校付属や一部の私立学校で推進され，その目的を遂行するために学校文庫や図書館が設けられた。

たとえば，当時の様子を，児童の側から体験した井野川潔（教育評論家）は次のように，全国SLAの発行の機関誌『学校図書館』で，回顧している。

「大正十年ころのことです。当時は，埼玉師範の付属小学校は，県内の自由主義教育をリードするモデル校的な立場にありました。その付属小学校の高等科の教師だった相沢節先生（のちに成城小学校の訓導となった）は，ぼくら生徒に，毎月五銭ずつ図書費を出しあって学級文庫をつくることにしようじゃないか，と学級自治会に提案されました。これがぼくの知った最初の学級文庫です。（略）このころの小学校では，生徒の利用できる図書棚が職員室にあればよいほうでした。そして付属小学校の図書棚には何百冊かの本がありましたが，ぼくらの読書意欲を満足させてくれるほど，よい本をそろえておりませんでした。（略）学校の図書室にも，教室の文庫にも，読む本が少ないという不満から，ぼくらはそのころ，ちょうどできた県立図書館を利用して乱読の傾向をさらに拡大していったのです。」（『学校図書館』136号）。さらに，井野川潔の回顧談で

は，相沢節先生から昼食の時間に『アンクルトムスケビン』を読み聞かせてもらい，学級の子どもたちが感激し，本人は弁当箱に涙を落としたのを記憶していると述べている。

この回顧談のごとく，大正年間（1912-1926）の学校における図書館活動や読書指導は先進的な学校や教師の自覚的な活動に限られていた。

我が国においては1872（明治5）年に国民皆学の小学校の創設を目指した学制（教育法令）が発布されたが，公共図書館に関しては1899（明治32）年11月に公共図書館に関する8カ条の「図書館令」が公布された。その後1933（昭和8）年6月に改正されて，中央図書館制度が導入され，社会教育の機関としての機能が明確に認められた。

この経過の中で公共図書館の識者の間では「社会教育に関する施設中最も重要なるもの─は図書館なるが，大人に対する其設備ある以上児童に対しても又これあるべきは甚だ見やすき理なり。」（『図書館小識』日本図書館協会編，1915年10月23日）とする意見が欧米の実情を例示しながら述べられた。

前述の井野川潔の回顧談は大正10年のころの事例であるが，公共図書館（社会教育）の立場から，すでに1915（大正4）年発行の『図書館小識』の第10章に「学校図書館」の章を掲げていることに注目したい。ここでは学校図書館（学校教育）の意義を述べ，学校図書館の分類をかかげ，教師用図書館，生徒用図書館，学級文庫（教室図書館）などを例示している。その「学校図書館」の冒頭の文言を難語句は一部仮名にして，引用する。

「学校図書館とは既に前に述べたる如く学校に附属せる図書館を云う。学校図書館の必要なる理由如何と云うに教師は常に自修して自ら其知徳の進歩発達を期せざるべからざると共に日常の課業に対して充分の準備なかるべからず。又生徒も規定の課業を教室内に於いて受くるは勿論なるも更に教室外に於てたすけを受くる必要あり。是れ学校図書館の必要なる第一の理由なり。

次に何人も学校にて学ぶ所には限りあり。然も学校を去るの後は年と共に之を亡失するは常に免れざる所なれば，結局一般民衆の大学なる図書館につきて補習する必要あり。而して此の準備として各学校に図書館を付設し，各

第3章　学校図書館の歴史

教室には小集書を置き，生徒をして或いは校内にて或いは家庭に持帰らしめて之を読ましむること緊要なり。是れ学校図書館の必要なる第二の理由なり。

　故に佛国に於いては1863年の文部省令に由りて各公立学校には一の学校図書館を設くべきことを規定し，又墺国小学校令には各学区に教員図書館を設け，各学校には学校図書館を設くべきこととなれり。其の他英米各国皆之を奨励せざる無し。本邦に於いては明治32年の図書館令により官公私立の諸学校に付設することを得るに至れり」

　この『図書館小識』の中で説明している「図書館令」に伴って学校に付設した図書館は学校図書館ではなく公共図書館である。また本文の中で人びとは学校図書館を活用した後，または学校教育を終えた後に公共図書館を活用して，いわゆる「生涯学習」を行うことの必要性や，公共図書館が「地域の情報拠点」として，また「継続学習の行う場」としての意義が大きいことを示唆・指摘していることは注目に値する。

　また『図書館小識』は販売することとは別に各県知事，県会議長，人口２万以上の各市町村に配布されている。作成者の図書館普及への意気込みが感じられる。

　なお，「図書館令」発布後の公立図書館の普及と児童図書館の活動の歴史に触れてみよう。「図書館令」が1899年に公布されてのち各地に図書館が設置されるが，1903（明治36）年，山口県立図書館児童閲覧室の設置に始まり，大阪府立図書館少年閲覧室（1904年），京都府立図書館児童室（1905年），東京市立日比谷図書館児童室（1908年）と，児童図書室は増えていき，「殊に児童閲覧室の如きは，土曜，日曜，祭日等にありては定員の数倍乃至十数倍の人員を収容せざるべからざる盛況を呈しつつあり」（「東京市立日比谷図書館一覧」）と開設当時の状況を記録していることもあり，図書館活用に対する児童の積極的な関心がみえる。

　また，東京市では1909（昭和42）年から市立簡易図書館を小学校内に付設して，成人とともに児童が図書館を利用する機会を与えた。その後，小学校付設の図書館は地方にも拡大し，1928（昭和３）年３月の調査では公立図書館

3,061館のうち，2,936館が小学校付設の図書館だった。

しかし，学校付設図書館は学校の教育課程の展開に寄与する積極的な目的で設立されたものでも，児童の読書権を保障するための施設・設備でもなかった。国民の思想善導やそのための良書の普及を意図した公立図書館の役割を担っていたであった。当時の日本における産業構造の変化と，資本主義社会への適応を求める国家の要請のなかで，さらに進んでは戦時体制に移行する情勢のなかで，社会教育政策の一環として，出来るだけ敏速に効率的に図書館を普及する意図で，便宜上，小学校に付設図書館が設置されたのである。

(2) 学校図書館前史――昭和時代前期

昭和時代に入ると一般はもとより知識人の間でも「昭和維新」の論調に同調する動きがあり，『図書館雑誌』（日本図書館協会）や教育関係の記事にも昭和維新の呼称が現れ，大正自由主義教育から戦時教育体制に傾いていく。

客観情勢は1929（昭和4）年の暗黒の木曜日（ウォール街の株価大暴落）の大恐慌がアメリカでおこり，日本の社会不安も深まってきた。そのうえ教育制度は中等教育機関の増設が進行し，複線型教育制度の中で，ますます進学を願う人びとが増加し，「試験地獄」という言葉が頻発されるようになり，効率よく学習することが求められた。

こうした風潮の中で静岡県の教員・戸塚廉は，自己負担で「子ども図書館」を設け，児童に読書を奨励し，さらに「青年図書館」を充実させ，父母にも読書を奨励した。夏休みには自宅の二階を開放して図書館とし，児童に手伝ってもらい，集落を巡回する「動く図書館」を実行するなど，ユニークな実践を行った。また生活綴方教育運動の中では「生活意欲」を高めるためにも「生活知性」を育てることの大切さが自覚されて，よい文化財の導入を図るために学級文庫や学校図書館が教育的な営みとして位置づけられた。

このことは，当時の実践者であった滑川道夫がよく語っていたことである。系譜としては，「児童の村小学校」の野村芳兵衛が雑誌『綴方生活』や『生活学校』をとおして提唱した「子ども図書館」に，教員たちが感化されて学級文

第3章　学校図書館の歴史

庫や図書館づくりとして実を結んだものだった。

　また，生活綴方教育運動のほか，慶應義塾幼稚舎の訓導の宮下正美が『童話教育』に「学級文庫」の実践を報告するなど，教科書以外の資料を児童に活用させることの大切さを自覚する人びとの思潮は注目すべきである。

　この思潮は，大正から昭和にかけて，雑誌『赤い鳥』（赤い鳥社），『金の船』（越山堂），『金の星』（金の星社）や『小学生全集』（文藝春秋社，興文社），『日本児童文庫』（アルス）に代表される多様な児童図書の出版を促した。

　出版物の隆盛は子どもの要求に沿うものであり，また教育を通じて子どもの個性，創造性を伸ばし，自主的学習を奨励することが先進的な教育界の潮流となってきていることを示していた。しかし，この潮流は個人的な，または先進的な学校の営みに終始していたものであり，制度として学校図書館を設置・運営する方策を策定するまでには至らなかった。

　そして，学校教育では学校図書館の設置・運営がむずかしいときに，公立図書館の職員のなかから学校図書館の必要性を唱える積極的な発言があった。

　のちに奈良県中央図書館長となった仲川明は，「将来の児童図書館」と題して『図書館雑誌』（1929年1月号，日本図書館協会）に寄稿し，「20世紀は児童の世紀である」というエレン・ケイ（1849-1926，スウェーデンの婦人思想家）の言葉を引用して，小・中学校の普及・発達に比べて図書館が不振であると嘆いている。そして仲川は具体的に自分の構想を次のように述べている。

　「今日の学校教育は何といってもまだ教科書学校であるという批判を免れることのできない状態にある。将来は小学校においても，各種図書によって研究し，各種の実物機械によって観察実験して，自主的に学習して，教師はその補導忠告にあたるようになっていくだろう」

　「学校児童図書館」の必要性を説いた仲川明は，そのための教育活動として10項目にわたる具体的な提言をしている。そして最後に，定員40人「学級図書館」や「学校図書館」の設計案を提示している。この仲川明の論文は，当時1928年におこなわれた，いわゆる「昭和維新の図書館大会」で「児童図書館」が研究テーマに取り上げられた事実を考え合わせると，さきの大正自由主義教

第2部 読書教育のための学校環境

育運動の展開と図書館専門家たちの理念が共通する基盤をもち得ていた事例として注目すべきである。

また，静岡県葵文庫長の貞松修三は「実験自習の教育機関としての学校図書館の充実について」を『図書館雑誌』(114号，1929年5月号) に寄稿し，「現在の学校教育の試験地獄を沙汰のかぎりである」と嘆き，教科書中心教育を批判し，「図書館などを利用し自学自修の風を作興し，それが習性となれば想像力の発達を促して教育上の効果は大となる」と強調している。

そして，貞松修三の結論は思想善導の必要から「適当の学校図書館の設置は小学校及び中学校に喫緊のことである」としている。

つまり，少数の識者を除き，戦前に学校図書館設置構想を述べた人びとには「良書を蒐集し，之に親しましめ，且其標準を児童生徒及び家庭に示すことは思想善導上有効なる施設」という考え方があり，「危険思想」を発生させないための予防措置に転化しているところに限界がみられる。

ここに紹介した2人の論調・論文は，読書が学力の基礎を培う大切な機能を備えていることを図書館職員としての経験と知識から理解し，当時の教育状況を観察して発言したもので洞察力のある提言であったといえる。

なお，こうした開明的な人びとの提言が生かされるのは第2次世界大戦の終結を待たねばならなかったのである。

1937 (昭和12) 年から日本が全面的な戦時体制に入ると，児童図書館も学校付設の図書館も公立図書館も，すべて戦争遂行の国策に奉仕する機関として位置づけられるようになった。

ことに，1940 (昭和15・皇紀2600) 年，文部省教学局指導部普及課長志水義瞕は「読書指導機関の設置を望む」(『図書館雑誌』242号) で，「読書指導を国家の重要な仕事であると信ずる」として，書物は国体の本義に悖らざるものであることと述べて，図書の検閲を強調した。このため図書館の蔵書構成から閲覧・貸出しに至るまで多大な影響を受けることとなった。

1940年8月に第2次近衛内閣が大政翼賛会を作り上げ，文化運動の一環に読書運動が位置づけられると，この動きに批判的な渋谷国忠 (横浜市図書館司書)

の立論などは，中田邦造（日本図書館協会専務理事・東大司書官）から自由読書論として排斥されてしまう。

　1942（昭和17）年には，文部省社会教育局と日本図書館協会と共同編纂で『読書会指導要綱』（A5判，64ページ，40銭）を発行し，国民読書の徹底を期することになる。中田邦造は要綱の中で読書運動にふれて「生活指導としての読書運動」の必要性を述べ，「始めたときから死ぬまで続く読書生活」の指導を目標とするとした。中田邦造が石川県立図書館で実践した読書運動のノウハウは，戦意高揚の国家政策の中に組み込まれていったのである。

　そして，文部省教学局は戦局が悪化する中で「学童ノ集団疎開地ニ於ケル指導上文化施設利用ノ適正ヲ期スル為」に『集団疎開学童に対する読書指導と紙芝居利用の要領』（大日本教育会出版部，1945年1月25日，48ページ，60銭，5千部）を超非常事態の切迫に即応して刊行した。

　この中で児童の読書を「行的な精神修養の機会」ととらえ「読書による皇国の修練が期待される」としている。

　集団疎開児童の疎開先に教材が十分に行き届かなくなっている事態の中で，政府が読書指導を有力な教育手段としたことは，読書指導が戦意高揚の国策に利用された事例である。焦土と化した街には学校も図書館も乏しく，疎開先の寺や旅館では図書館は利用できず，図書館資料はない。実際に疎開先で読書活動が確実に実施されたという実践記録は見当たらない。

　東京をはじめ多くの都市がアメリカ軍の空襲によって焦土となり，教育が停滞していく中で，緊急の教育活動として読書活動が奨励されていることは読書のもつ重要な教育機能を象徴していることとして注目したい。

　ところで，戦前の教育事情を考察するときに基本問題として理解しておかなければならないことは，義務教育にあっては，1890（明治23）年10月30日に発布された「教育に関する勅語」（教育勅語）の趣旨の徹底をはかっていたことである。その趣旨の中核をなすものは「一旦緩急（戦争）あるときは義勇公に奉じ皇運を扶翼することを徹底する」ところにあった。前述の「要領」の記述の「皇国の修練」とは勅語の趣旨の徹底にあったのである。

また，先の「大政翼賛会」という文化運動に必ずしも同調しない公立図書館司書の渋谷国忠が「図書館読書指導の基礎概念」(『図書館雑誌』1943年1月号)で，三木清の読書法から「読書の技術において人はめいめいに発明的でなければならぬ」という文章を引用しつつ，新体制運動に便乗した図書館活動に批判を加えている事実は注目に値する。

　すなわち，1945(昭和20)年の終戦の日まで，図書館の利活用や読書活動は冬の時代を過ごしたのである。当時の学校図書館や公共図書館の事情を仔細に検証し，分析して，いわば戦後の春の到来に合わせて芽吹き果実を実らせていく経過を正しく理解していきたいものである。戦後の積極的な公共図書館活動や学校図書館活動(運動)は戦前の進取の気性に富んだ識者たちの活動に胚胎していたのである。

2. 学校図書館法の策定と「新しい学校」の構築

　終戦を契機に国民は命を犠牲にする思想から，人間の尊厳を守り人間の可能性を生かす思想に目覚めた。戦後に制定された日本国憲法(1946年)や教育基本法(1947年)は国民に生きる勇気と希望をもたらした。

　その後の教育制度の改革で人びとは小学校から大学まで複線型ではなく単線型で教育を受けられること，学校図書館法が制定されて学校図書館が学校の基礎的な設備として，教科書以外に図書館資料を活用し，学ぶ自由と権利を保障する可能性が出てきたことは教育方法の革新で画期的なことであった。

　1947(昭和22)年4月1日，新制小・中学校が，翌年には新制高校が発足するにあたり学校教育法施行規則(昭和22年5月23日省令)の第1条に「学校には，その目的を実現するために必要な土地，校舎，工具，運動場，図書館又は図書室，保健室その他の設備を設けなければならない」とされ，「図書館又は図書室」が加えられたことで読書センター・学習センターとしての学校図書館の充実運動が急速に高まることとなった。

　教育に関しては「米国教育使節団」の「第1次米国教育使節団報告書」

(1951年3月31日) では「教科書や口述教材の暗記を強調しすぎる悪風を除く最良法」として本や論文に接することだ，と勧告した。また「第2次使節団報告書」(1950年9月22日) は「教材センターとしての学校図書館は，生徒を援助し指導する司書を置いて，学校の心臓部となるべきである」と勧告した。さらに「日本の図書館（公共図書館）施設は，必要な資金が得られ次第すみやかに拡張すべきである。しかし，同様な措置は，教師の側からみても，およそ不満足な，学校図書館に対してもとられるべきである。日本の児童読み物にはなお著しい欠陥がある。教育家も作家もこの欠陥を補うように奨励されなければならない」とも付け加えた。こうした米国教育使節団の勧告を受けて，文部行政は戦後の教育行政をすすめた経過がある。

こうして改革のためのレディネスは先に紹介した仲川明など戦前に洞察力ある人びとの活動の中に胚胎していた。

また，戦後に教育改革が模索されているときに，各地で学校図書館の設置や運営の工夫が行われた。たとえば，東京都港区立氷川小学校の久米井束校長は1946（昭和21）年に衛生室を区切って図書室を開き，児童に対して読書指導や利用指導を始めている。その後，PTAの協力で1950年には新図書館を設け，増村王子教諭が運営し実践を重ねた。新図書館は深川文部事務官と久米井校長が企画構成し，基本設計を秋岡建築士に頼み素敵な図書館となった。1954（昭和29）年に氷川小学校に入学した桂宥子さんは『理想の児童図書館を求めて』（中央公論社，1997年）の中で在学中の学校図書館と出合った体験を語っている。

「ピカピカの一年生は，すぐ図書室が気に入った。というより，その前を通るのが好きだった。図書室の廊下に面した壁全体には，季節を感じさせる大掛かりなディスプレーが素敵に飾られていて，生徒の目をひいた。上級生の手づくりの壁新聞も貼ってあった。図書室は『学校のおへそ』に思えてしかたがなかった。

それは校舎の中心に位置していた。低学年の生徒には，ちょっと階段を上がれば，高学年には，ちょっと階段を降りれば，そこに図書室があったからだ。生徒たちは，そんな図書室に吸い込まれていった」

まさに，新しい図書館（図書室）が目にみえるようである。この図書館で桂さんは『ひとまねこざる』や『ちびくろサンボ』を読み，増村王子先生が専任の教諭として指導にあたっていた様子をくわしく語っている。桂さんの体験は，学校図書館法成立直後のことであるが，氷川小学校では法制定以前から学校図書館運営を教育課程に組み入れて教育活動を展開していた。

ところで，久米井束校長は増村教諭が疎開児童の指導から帰り氷川小学校に着任し「新しい学校」の構築を図っていたとき，北原白秋門下で創作をよくし，図書館資料にも明るい増村教諭に図書館運営を託したのだった。この久米井校長は全国SLAの初代会長として学校図書館法の制定に尽くした。

3. 「学校図書館法」の制定

終戦後の日本の学校では，戦争に対する教育の責任が重く問われた。現職教員の大多数は教え子を戦地や満蒙開拓義勇団に送った責任を感じ，復員した教員は，より複雑な戦争責任を抱え，「非戦の誓い」を胸に秘めていた。

新教育を自覚した教員たちは，憲法や教育基本法の理念を実現するために「自ら考え主体的に判断し行動できるような児童生徒を育成する必要性」を認識していた。「教科書とチョークと黒板」のみの画一的な教育方法を改め，今でいう「情報リテラシー」を可能とする教育方法を義務教育の時代から行おうとした。国定教科書を唯一の教材とする教育に対する反省があった。

したがって，氷川小学校のような実践は各地で始まっていた。東京都世田谷区立梅ヶ丘中学校では戦災を免れた立派な尋常高等小学校の2階の3教室を改造しスタッフルームや生徒の討議・研究室を設けて，文部省図書館職員養成所の卒業生を学校司書としてPTAで雇用し（後に私費雇用廃止），校務分掌に学校図書館部を設け，佐野友彦教諭が主任で運営していた。

既述のように『学校図書館の手引』の伝達講習会を契機に全国学校図書館協議会を結成したときの主要メンバーには学校図書館法の立法以前から学校図書館運営に先進的な活動をした教員が多かった。たとえば佐野教諭は学校図書館

法が施行されることになった1954年には職を辞し，全国SLAの事務局の専従となり，生涯，学校図書館の振興につくした。

ところで，学校図書館法は全会一致の議員立法で成立したが，1956（昭和31）年東京地検は全国SLA松尾彌太郎事務局長を学校図書館法制定に絡む贈賄容疑で取り調べ，1959年1月第1審無罪，第2審罰金刑を科せられた。これに関連した2004（平成16）年6月26日の朝日新聞の「ひと」欄に載った新検事総長松尾邦弘さんの記事がある。お父さんは彌太郎さんである。

「中学1年の時，父が社会党衆院議員に対する贈賄容疑で逮捕され，検事の取調べを受けた。全国学校図書館協議会の事務局長として学校図書館法の成立を働きかけ，現金を贈った。一審無罪。二審で逆転有罪の罰金刑。最高裁でそのまま確定した。『全国の学校に図書館を作ろうと奔走した父を尊敬していた。捜査は納得いかなかった。』弁護士か裁判官になりたいと法曹を志したが，修習生として現場に立ってみると，性にあったのは検事の仕事だった。法に当てはめれば父の立件もやむをえないと思えるようになった」

この記事に関し，筆者は1953年に梅ヶ丘中学校の教員となり，学校図書館運営に加わり全国SLAに関係し，世田谷の松尾家で邦弘少年に会っている。彼が学校図書館の条件整備運動に東奔西走する父親の姿を理解していたことに深い感慨をもつ。そして昭和50年代の与野党が激しく競り合う中で，全会一致で議員立法が成立していることに，学校図書館法の立法の意義を深くする。

しかし，2013年現在，学校図書館法の附則条項が撤廃できていない状況を考え，立法の趣旨を全うできる法改正を行う努力が必要である。

4. 学校図書館法の改正と課題

学校図書館法は教育方法の革新を迫る画期的な法律だったが，施行直後から課題をはらんでいた。学校図書館の健全な運営には，施設・設備，予算，図書館資料，職員の整備が必要である。しかし法律施行に当たり法第5条に司書教諭の必置条項があるにもかかわらず附則2の緩和条項がついたので教諭定数の

加配がなく，専任の司書教諭は置かれないままに経過している。

　そこで，各学校では校務分掌で学校図書館担当の教員を配置し学校図書館を運営することにした。しかし図書館利活用には教育課程の展開に沿った資料の組織化（受入れ，分類，目録，装備，配架）は勿論，館内の整備，会計（予算・決算），教職員との諸連絡や年間計画の策定など多様な任務がある。

　したがって司書教諭や図書館担当教員と協働して運営に携わる「学校司書」が配備されなければ健全な運営はおぼつかない。

　はやくも1955（昭和30）年，第6回全国学校図書館研究大会（徳島大会）は「附則第2項の撤廃による司書教諭の発令と学校図書館専任事務職員の身分保障」を決議した。その後，1962（昭和37）年10月，小・中・高校長会，教育長協議会，PTA連合会など238団体が学校図書館法改正の請願書を国会に提出。1972年6月与野党共同で改正法案を衆議院に上程，可決。参議院で継続審査。12月総選挙で廃案となった。そして法改正運動が進まない状況の中で，1993（平成5）年4月，義務教育定数法改正で小学校27学級，中学校21学級以上の学校に学校図書館担当事務職員1名加配決定。公立高校定数法改正で12学級以上に学校図書館担当事務職員1名加配決定となった。だが，実際には小・中規模の学校にとって運営は困難を極めていた。

　そして全国SLAを中心とした法改正運動が実を結び1997（平成9）年6月27日学校図書館法を改正することができた。改正で主要な項目は付則2「司書教諭設置の特例」が次のようになった。「学校には，平成15年3月31日までの間（政令で定める規模以下の学校にあっては，当分の間），第五条第一項の規定にかかわらず，司書教諭を置かないことが出来る」。

　この法改正を受けて，文部科学省令によって，12学級以上の規模の学校には司書教諭を置かなければならないことになった。

　またこの法改正には「学校図書館法の一部を改正する法律案に対する付帯決議」（平成9年6月3日）がなされ，「2，政府及び地方公共団体は，この法律の趣旨を体し，司書教諭の計画的養成・発令に努めるとともに，小規模校への設置についても配慮すること」，および「5，政府及び地方公共団体は，司書

教諭の設置，及び職務の検討に当たっては，現に勤務するいわゆる学校司書がその職を失う結果にならないように配慮するとともに，職員配置を含めた，学校図書館整備のための地方公共団体独自の施策を，より一層充実するように配慮すること」の文言が加えられた。この中で，法定された職ではないが，学校図書館の運営に関わっていて「学校図書館担当事務職員」などの呼称で勤務していた者を「いわゆる学校司書」と明言し，「学校司書」を職責に対する適切な呼称としたことは特筆に値する。「学校司書」は全国SLAが学校図書館条件整備活動（運動）のなかで確立した呼称である。

　しかし，各地方公共団体の教育委員会が「司書教諭」を正しく認識しなければ配置に格差が生じ，運営に支障をきたす事態も考えられている。

　実際，「司書教諭を『養成』するということ―広島県のニセ『司書教諭』の問題点―」（中澤貴生『学校経営』1998）で「実習助手は，……司書教諭と……称することが出来る」（広島県立高等学校管理規則第10条5項）とあることに対し，教育委員会の認識不足を完膚なきまでに批判している。

　当時，『学校図書館の手引』（文部省）刊行から50年たち，法成立から44年を経過している状況において，学校教育に不可欠な学校図書館の任務と役割を理解していない教育委員会は慙愧に堪えないのではないか。

　しかし，度重なる法改正運動の結果，2014（平成26）年6月20日に法改正が可決成立し，第6条に第5条の「司書教諭」のほか，「学校図書館の運営の改善及び向上を図り，児童又は生徒及び教員による学校図書館の利用の一層の促進に資するため，専ら学校図書館の職務に従事する職員」として「学校司書」という職名が明記された。これにより学校図書館は二職種により運営されることが法的に明示された。「学校司書」は「学校長が直接，指揮・監督権を持つ教職員であって，事業者が雇用する者は該当しないこともはっきりした」（河村健夫・学校図書館議員連盟会長）。そして司書教諭と学校司書の両者が協働して行う職務は図書館経営，図書館奉仕，読書指導，教科指導等である。また，法では学校司書が教科等の指導に関する支援など「教育指導への支援」に関する職務を担っていくことが求められている。

したがって，今後，学校司書となる要件として，学校司書は教職に関する科目にある教育方法論，教育心理学，教育相談に関する基礎的な知識を含む科目を履修することを要望したい。この知識・技能は学校図書館が読書センター及び学習センターであるとともに児童生徒の「居場所」としての機能を果たすためには職員にとって必須な教養である。

なお，学校司書の採用，研修，配置は地方教育委員会によるところであり，法改正を実効あらしめるために教育関係者が適正な採用，研修，条件整備の提言・運動を随時行うことが不可欠である。

5. 学習指導要領に見る学校図書館

学校教育における学校図書館の役割を考察するために，学校教育法，同施行規則に基づいて文部科学大臣が告示する初等・中等教育の教育課程の国家基準である学習指導要領における位置づけの要点をあげておこう。

1958（昭和33）年改訂
総則：学校図書館の資料や視聴覚教材については，これを精選して活用すること。：初めて学校図書館が指導要領に位置づけられた。

1968（昭和43）年改訂
総則：教科書其の他の教材・教具を活用し，学校図書図書館を計画的に利用すること。特別活動の学級指導（小学校）の指導内容に「学校図書館の利用指導」を位置づけた。

1977（昭和52）年改訂
1．人間性豊かな児童生徒をそだてること。
2．ゆとりあるしかも充実した学校生活を送れるようにすること。
3．国民として共通に必要とされる基礎的・基本的内容を重視すること。

第3章　学校図書館の歴史

総則：視聴覚教材などの教材・教具や学校図書館を計画的に利用すること。
　特別活動の学級指導（中学校の「学業生活の充実に関すること」の中で「学校図書館の利用の方法などを取り上げること」）を指導内容として示した。

1989（平成元）年改訂
1．心豊かな人間の育成。
2．自己教育力の育成。
3．基礎・基本の重視と個性教育の推進。
4．文化と伝統の尊重と国際理解の推進。
総則：指導計画の作成に当たって配慮すべき事項
　視聴覚教材や教育機器などの教材・教具の適切な活用を図るとともに，学校図書館を計画的に利用しその機能の活用に努めること。

1998（平成10）年改訂
1．豊かな人間性や社会性，国際社会に生きる日本人としての自覚を育成すること。
2．自ら学び，自ら考える力を育成すること。
3．ゆとりある教育活動を展開する中で，基礎・基本の確実な定着を図り，個性を生かす教育を充実すること。
4．各学校が創意工夫を生かし特色ある教育，特色ある学校づくりを進める。
総則：指導計画作成に当たって配慮すべき事項
　学校図書館を計画的に利用しその機能の活用を図り，生徒の主体的，意欲的な学習活動や読書活動を充実すること。

　1998（平成10）年の改訂では，学校図書館に関する記述が，総則の中で教材・教具の活用から切り離されて独立し，1項目を設けて，取り立てて記述されたことに注目したい。また「総合的な学習」の創設に伴い，体験的な学習や問題解決的な学習を行うために図書館が果たす役割は大きくなった。学校図書

館は「読書センター」として日常生活の中で子どもたちが読書を楽しむ心のオアシスとしての役割や「学習情報センター」として必要な情報を選択・収集・活用できる機能が期待されている。また，学習指導要領の各教科において学校図書館の機能を活用すべく「資料を活用したりして調べる」ことが強調されている。さらに情報教育の実践に伴い，学校図書館は学習情報センター（メディアセンターまたはリソースセンター）としての役割を果たすこととなる。平成10年の指導要領の改訂を機に，学習を支える「学習コミュニティー」の形成が大切であることが理解されてきた。

2008（平成20）年改訂
1．児童・生徒の発達段階を考慮して，児童・生徒の言語活動を充実するとともに，家庭との連携を図りながら，児童・生徒の学習習慣が確立するように配慮すること。
2．言語に関する能力の育成に関する言語環境を整え，児童生徒の言語活動を充実すること。
3．児童・生徒が学習の見通しを立てたり学習したことを振り返ったりする活動を計画的に取り入れること。
4．各教科における「……は扱わないものとする」歯止め規定削除。
総則：学校図書館を計画的に利用しその機能の活用を図り，児童・生徒の主体的，意欲的な学習活動や読書活動を充実すること。

改訂では言語活動の充実を重視し，学習活動に探求型学習を取り入れ主体的に学習し成果を上げる学習習慣を築くように示唆している。したがって，学校図書館は多様で豊かな図書館資料（蔵書）の構成を図らねばならない。そこで，蔵書構成の充実に関する施策を概観し，課題を考察してみたい。

第3章　学校図書館の歴史

6. 学校図書館の資料構成の充実及び環境整備

　新教育発足後の1953年に学校図書館法が制定されて，年を経て，積極的に活用が図られるようになったが，解決すべき課題が多くみえてきた。

　そこで学校図書館の機能の向上を図る活動を行っていた全国学校図書館協議会，日本子どもの本研究会，日本児童図書出版会，日本図書館協会および関心をもつ諸団体が「子どもと本の出会いの会」(1993年，井上ひさし会長) を結成し，学校図書館の充実と機能の発揮，予算の増額，司書教諭，学校司書の配置，公共図書館の増設と児童サービスの充実，予算の増額，専門司書の配置，等を国会や省庁に働きかけた。

　一方，文部省は1992（平成4）年に全国抽出で学校図書館調査を実施し，義務教育学校の平均的な蔵書冊数を把握していたので，その平均冊数の1.5倍増を図る計画で「学校図書館図書標準」（平成5年3月29日）を設け，平成5年度を初年度とする「学校図書館図書整備5カ年計画」を地方交付税により措置した。この措置は画期的な措置であった。

　しかし，この予算の消化率は3割にも満たなかった。教育委員会が地方交付税を他に流用して図書購入費に充てなかったこと，学校が図書の更新をためらい蔵書不足を当局に申請しないこと，教員が「図書整備5カ年計画」を知らないことなどに起因する。

　そこで，2002（平成14）年文部科学省が再度「学校図書館図書整備5カ年計画」を設定し，学校図書館の豊かな蔵書構成を図る行政措置を図ったことは高く評価したい。既に学校図書館法が改正されて5カ年を経ている状況下であり，適切に学校図書館を担当する教員は助けとなった。

　その後，2008（平成20）年の「学習指導要領」の改訂により，2011（平成23）年に小学校，2012（平成24）年に中学校において新学習指導要領が全面実施となった。

　そして2012年度から3度目の「学校図書館図書整備5カ年計画」（財政規模

51

第 2 部　読書教育のための学校環境

約200億円）が策定され，「平成24年度から 5 カ年間で学校図書館図書標準の達成を目指す」ことに加えて，「学校図書館への新聞配備」（ 5 カ年で約75億円），と「学校司書の配置」（約150億円）が決定した。

　2012年度から始まる『学校図書館の地方財政措置』は新聞購入費及び学校司書の配置費を合わせたもので，学校図書館を活用した豊かな学びを保障するために極めて重要な措置である。蔵書の更新とあわせて積極的に読書環境の整備に取り組み，学校図書館の利活用をすすめたい。そのために司書教諭を中心とした学校図書館担当者が施策を理解して取り組まねばならない。

　図書館資料の充実と共に，担当職員の適切な配備を実現することも大きな課題である。この整備施策につき文部科学省の白間課長は「変化の激しいこれからの社会を担う子どもたちには，基礎的・基本的な知識・技能を習得させるとともに，それらを活用してさまざまな課題に積極的に対応し，解決していける力を育成していくことが重要です。このような新指導要領における『生きる力』を育むという理念の下，学校図書館については，これまで以上に授業等における利活用が期待されており，『読書センター』，『学習・情報センター』としての機能向上を一層図っていくことが求められています」と述べている。

　また，2013（平成25）年 5 月17日，文部科学省は「第 3 次子どもの読書活動の推進に関する基本的な計画」を決定した。改定の方策の中で「子どもの読書活動の推進のための学校図書館の機能強化」にふれて学習活動を支援する機能と子どもの「心の居場所」としての機能の充実を期待している。

　具体的な推進計画では図書館資料や施設の整備・充実，図書館活用のための人的配置推進のために司書教諭と学校司書の協働に期待している。

　図書館資料を充実し職員の協力体制を確立し，校務分掌上の配慮をしたうえで，さらに抜本的な施設・設備の改善を図るべき時だ。多くの学校図書館が閲覧室（ 2 教室規模の特別教室）のみで運営している状況を改善すべきだ。

　学校図書館の機能の抜本的な向上を図るには「閲覧室」のほかに「スタッフルーム」と「一般研究室」を併設したい。「スタッフルーム」は司書教諭と学校司書の居場所となる。規模によって教員の教材研究室に活用できる。そして

「一般研究室」は児童・生徒が資料を活用して「共同学習」をする時に利用すると効率が上がる。特に探求型の学習を推進するには，学習関係者がテーマに応じて，資料を活用して討議して学習内容を深めることが多い。平易な言葉で要約すると「見つける」（単元やテーマとの出会い），「つかむ」（学びあいの交流），「つたえあう」（学習内容・課題解決のための学びを共有する表現活動など）学習活動を保証する場として学校図書館の機能を充実したい。

7. 学校図書館を生かす教育への展望

過去を振り返れば，1951（昭和26）年，雑誌『学校図書館』（11月号）で『学校図書館の手引』編集委員の阪本一郎は述べている。

「機能としての学校図書館とは何か。一言でいえば，それは読書指導だといえよう。新しい教育が重視するようになった子どもの学習活動のひとつは，読書である。（略）まず読むことが指導される。これが読書指導の半面である。（略）読書は学習の手段である。学習は，すでに出来上がっている文化遺産を受け容れることではなくて，それを栄養にして子どもの生活を昇華することである。子どもを鉄の鋳型に入れて形を整えることではなくて，個々の創造性を重んじて，その天分を暢達させることである。読書の指導はしたがって，子どもの生活を指導し，彼らの人格を形成することの手段とされなければならない。読書による生活の指導，これが読書指導の他の半面である。」

また，1959年，文部省は「学校図書館基準」（『学校図書館運営の手引き』明治図書，1959年）の「B機能」で次のように述べている。

「1．学校図書館は奉仕機関である。児童・生徒および教師の必要に応じて，資料を提供し，教育課程の展開に寄与し，教養，趣味の助成にも役立たせなければならない。

2．学校図書館はまた指導機関である。問題解決のための図書館を有効に利用する方法を会得させ，読書指導によって読書の習慣づけ，生活化を教え，図書館利用を通して社会的・民主的生活態度を経験させる。」

第 2 部　読書教育のための学校環境

　この「学校図書館基準」は「指導機関」として公共図書館とは異なる機能をもつことを明示して，その後の学校図書館運営の指標となっている。

　また，2001（平成13）年，「子どもの読書活動推進に関する法律」が公布されて，子どもの読書活動は言葉を学び，感性を磨き，表現力を高め，創造力を豊かなものにし，人生をより深く生きる力を身に付けていく上で不可欠であるとし，積極的にそのための環境整備を推進することを規定した。

　さらに，2005（平成17）年，「文字・活字文化振興法」は第 8 条で「学校教育における言語力の涵養に資する環境の整備充実を図るため司書教諭及び学校図書館に関する業務を担当するその他の職員の充実等の人的体制の整備，学校図書館の図書館資料の充実及び情報化の推進等の物的条件の整備等に関し必要な施策を講ずるものとする。」と規定している。また法の公布・施行にあたり，超党派の活字文化議員連盟が施策の推進を表明している。

　この 2 つの法律は「理念法」であり，展望を開くには，学校教育現場において，学校図書館の機能の向上を図り，活用し，教育委員会が活用の高度化に対して十分な支援体制をとる必要がある。たとえば，学校における読書活動を推進するときに「学校と家庭に読書のベルトをかける」方策や児童生徒に「学び方を学ぶ」場としての実感を持たせる指導を工夫し，教員の教材研究の場となる環境整備を実施し，頼りになる学校図書館を充実整備したい。

参考文献
文部省『学校図書館の手引き』師範学校教科書，1948
スティーブン・クラッシェン著，長倉美恵子・黒澤浩・塚原博訳『読書はパワー』金の星社，1996
『学校図書館50年史』編集委員会編『学校図書館50年史』全国学校図書館協議会，2004
『学校図書館50年史』編集委員会編『学校図書館50年史年表』全国学校図書館協議会，2001
黒澤浩編『新・学校図書館入門』草土文化，2001

第4章

学校における読書環境づくり

　いま学校図書館が注目されている。子どもたちの未来に責任をもつという考えのもとに，学校図書館を整備しようとする機運が高まっている。文部科学省の学校図書館整備施策を見ても，2012（平成24）年度からの「学校図書館図書整備5か年計画」が継続されており，「学校図書館への新聞配備」や「学校司書の配備」に関わる予算措置が採られている。

　急激に変化する時代にあって，子どもたちが基礎的・基本的事項を習得するだけでなく，さまざまな課題に対応でき，課題を解決していけるような力を身につけることが求められている。いわゆる「生きる力」を育むことであり，そのためには学校図書館が果たす役割が大きいことが期待され，学校図書館に「学習センター」「情報センター」や「読書センター」の機能が必要とされ，その機能向上のための整備が期せられている。

　学校図書館法では，学校図書館の目的を，①学校の教育課程の展開に寄与すること。②児童又は生徒の健全な教養を育成することの2つで定義している。

　ところで，学校における読書環境の現状はどうなのだろうか。平成23年度から24年度にかけて，全国の学校（小学校581校，中学校595，高等学校546校，計1,722校）を対象に，国立青少年教育振興機構が実施した調査がある。同調査は，学校管理職，教員を対象としたアンケートによる調査であり，結果は東京大学の秋田紀代美氏や国立教育政策研究所の立田慶裕氏らによってまとめられている。本章では，この調査データを活用して，学校における読書環境の課題を明らかにしていきたい。

1. 学校図書館活動の組織化

　学校図書館は，学校教育において不可欠で基礎的な設備であり，その健全な発達を図ることにより，学校教育を充実させることが目的として設置され，小・中・高校等においては，図書，視覚聴覚教育の資料その他学校教育に必要な資料を収集，整理，保存し，児童生徒および教員の利用に供することによって学校の教育課程に寄与し，児童生徒の健全な教養を育成するための学校設備であることが学校図書館法などで規定されている。

　学校は，校務を遂行するために学校教育計画を立て，それに沿った形の組織として校務分掌を編制して教育課程を実施する。学校図書館における読書指導や図書館指導等の図書館教育については，小・中学校では，学校図書館司書教諭（以下，司書教諭）を中心に学校図書館係で構成されている学校図書委員会で進められている。また視聴覚教育委員会の中に役割が存在することもある。高等学校でもほぼ同様の体制であるが，図書館部（あるいは視聴覚教育部）というような独立した校務分掌をもつ学校も少なくない。

　次に学校図書館に関わる児童生徒の活動組織をみると，各学級から選出されている生徒学校図書委員会がある。この生徒学校図書委員会は通常は児童会・生徒会に属していることが多く，教育課程上の「特別活動」に属する教育活動ということになる。昼休みや放課後の本の貸出業務，整理・修繕，読書に関わる事業といった活動に参加して，学校図書館活動に寄与している。このように教職員や児童生徒，さらに地域住民などによって学校図書館運営は組織的に実施されることが求められている。

2. 学校図書館運営の活性化

　学校図書館の運営については一定の位置づけや機能が定められてはいるが，明確な基準がなく，各校が自主的自発的に行っているのが実情である。した

第4章　学校における読書環境づくり

がって運営のあり方によって読書教育の推進に大きな差が出てくることにもなるので，児童生徒の利用に即した運営ときめ細かい教育的対応が望まれている。

　学校図書館法第4条は，学校図書館の運営について規定し，次のような活動を求めている。学校図書館を児童生徒や教員の利用に供するものとした上で，① 図書館資料を収集し，児童又は生徒および教員の利用に供すること。② 図書館資料の分類配列を適切にし，及びその目録を整備すること。③ 読書会，研究会，鑑賞会，映写会，資料展示会などを行うこと。④ 図書館資料の利用その他学校図書館の利用に関し，児童又は生徒に対し指導を行うこと。⑤ 他の学校の学校図書館，図書館，博物館，公民館等と緊密に連絡し，及び協力すること，としている。また学校図書館の目的の達成に支障のない限度において一般住民の利用を認めている。

　学校図書館の運営については，12学級以上の学校に配置されている司書教諭が運営の中心になる。新しい学校経営論のもとに教育経営が行われる時代であることから，学校図書館運営の活性化が強く求められており，マネジメント・サイクルの考え方に立って学校図書館を経営していくことになる。そのためには，「人的」「運営的」「物的」諸条件の整備が必要であると考える。

　人的条件でいうならば，学校図書館活動を専門的職務とする司書教諭の役割が重要であることについてはすでに述べたところである。司書教諭を中心としての運営体制においては，経営的職務を確実に実行できることが必要である。具体的には，経営的視点に立った学校図書館経営目標の設定，運営計画の作成と実施，学校図書館活動評価を行うことをふまえて，校長や教頭等の管理職との意思疎通（報告，連絡，相談），学校図書館業務の組織化と管理運営，校内組織との調整，学校図書館に関わる研修計画の立案と実施，学校図書館に関わる記録等の保存，他の学校図書館や教育委員会関連機関（社会教育施設等を含む）との連絡や協力，教員への情報提供と活動計画の提案，学校図書館運営に関するルールの確立，蔵書計画，図書館資料等の活用計画，学校図書館設備や備品の整備，予算や決算資料の作成と提案，児童会や生徒会等を通じての児童生徒との関係づくりなどといったことなどがあがる。司書教諭以外にも，一般教職

員，学校図書館担当職員や地域住民らのボランティア等の支援者の存在も重要であり，人的条件の充実化が課題のひとつである。

　学校図書館の運営面での活性化については，ひとつは開館時間が児童生徒の読書教育に影響があるのではないかと考える。国立青少年教育推進機構調査では，1週間の延べ開館時間が小学校では23.7時間，中学校が13.6時間，高等学校が27.8時間となっている。やや中学校の時間数が少ないが，生徒指導等の校務による影響だと思われる。地域住民の協力があれば，開館時間の延長が図られるであろう。同調査での開館時間帯をみると，小学校では「昼休み」「業間休み」「授業時間中」「朝の始業前」となっている。中学校や高等学校では，「放課後」と回答した学校が小学校よりも多かった。

　次に，購入する図書の選書についてはどうであろうか。前述した調査では，選書を行うのは誰かという質問項目では，小・中・高校平均で，「学校教員の推薦を受ける」が88.3％，「児童生徒のリクエストを参考にする」が81.4％，「学校図書館担当教員が決める」が73.5％，「学校図書館担当職員が決める」が42.5％，「出入り業者の推薦を参考にする」が22.6％となった。高等学校では約34％の学校で選考委員会を開いているようであり，小・中学校では「学校図書館ボランティアの推薦を受ける」と回答した学校も少なくなく，校種での特徴がみられた。現状から，小・中学校では選考委員会を開いて決めること，高等学校については学校図書館ボランティア等の意見も聞くこと，全体として児童生徒のリクエストに応えることが課題としてあがる。

　また学校図書館運営で重要だと考えられることに，貸出数の把握ができているかどうかという問題がある。それは図書資料管理体制の問題でもあるので，そのデータを記すと次のような結果が示された。貸出数を把握している小学校は72.4％，中学校は76.5％，高等学校は89.9％であった。貸出数の把握等の管理的作業は大変であろうが，学校図書館活性化に不可欠な業務である。

　さらに，児童会・生徒会活動での生徒学校図書委員会が機能しているかどうかということも課題のひとつである。国立青少年教育振興機構調査では，校種別の差はほとんどみられず，全体平均では，「図書委員会を開催している」が

第4章　学校における読書環境づくり

95.7％，「貸出・返却の手続き」「書架の本の整理」と回答した学校が89.4％，「ポスター作成（図書館のマナー，おすすめの本紹介など）」が72.0％，「展示コーナー作成（おすすめの本コーナーなど）」が62.7％，「読書週間，読書月間の企画・実行（しおり作り，読み聞かせ等）」が60.0％であった。図書委員会活動全体については幅広い活動がうかがえるので，学校図書館活性化の鍵になるかもしれないと考える。

　学校図書館活動の活性化を図る読書活動推進の試みについての調査結果はどのようであっただろうか。回答から分かることは，小・中・高校全体で「学校図書館の新刊紹介をしている」「学校図書館の利用を児童生徒にすすめている」がともに約80％強，「夏休みや冬休みの課題として読書を課している」が64.5％，「教室に学級文庫を備えている」が61.1％，「感想文や読書カードの提出を長期の休みで課している」が55.9％，「おすすめの本を授業や学級通信，掲示で紹介している」が54.2％，「教科等の学習にあたっての学校図書館の活用法を工夫している」が53.7％であった。広報活動，休暇中の学習課題の提供，教科等の学習支援といった事柄が主な活動であったことが示されている。読書活動の推進にあたっては，各学校がさまざまな工夫を重ねており，こうした読書活動や学校図書館活動が児童生徒の学習活動に大きな支援となることに次の展望をみることができよう。

　学校図書館の物的な条件整備については，学校図書館メディアの整備が重要であり，以下の項目で記したい。児童生徒にとって，学校図書館が「学習センター」「情報センター」「読書センター」であるところから，「生きる力」を養う生涯学習の場であると同時に居場所としての役割も大きい。これからの学校図書館は，未来へ向かう児童生徒にとっての学びの場として活用されていくように，活性化を図ることがわれわれの務めであろう。

3. 学校図書館メディアの整備

　1996（平成8）年に中央教育審議会が示した答申「21世紀を展望したわが国

第2部　読書教育のための学校環境

教育のあり方について」では，学校自体が高度情報通信社会にふさわしい施設・設備を備えた「新しい学校」になっていく必要があることを指摘し，「学校の施設の中で，特に学校図書館については，学校教育に欠くことのできない役割を果たしているとの認識に立って，図書資料の充実のほか，さまざまなソフトウエアや情報機器の充実を図っていく必要がある」と述べている。高度情報通信社会に対応できるような学校の施設・設備として，「学習・情報センター」としての学校図書館の整備が急務だと考えられているが，現実にはなかなか進展しないという悩みがある。

「学習センター」「情報センター」としての学校図書館の機能を考えた場合，各種のメディアの特性を配慮して，活用しやすい形で整備しておくことが重要であり，児童・生徒が自ら資料・情報を検索，収集，判断，活用，発表するといった力量を身につけることができるような形でメディアが配置されていることが必要である。

学校図書館メディアを大まかに分類すると，①印刷メディア，②視覚メディア，③音声メディア，④PC関連メディア，⑤その他となる。本や資料のような印刷メディアは，日本十進分類法等によって分類・整理した後に，書架，棚やロッカー等で閲覧しやすい形で提供すること，視覚や音声メディアについては，専用の機器を使って簡単に利用できるようにすることが望ましい。PC関連メディアについては，新しい機種の確保はいうまでもないが，特定の場所を確保して，児童・生徒が検索できるようなコーナーを設置することが必要である。全国学校図書館協議会は，2000（平成12）年3月に学校図書館メディア基準を提示し，基本原則として，「学校図書館メディアは，学校の教育課程に寄与し，児童生徒の健全な教養を育成することを目的とし，図書・視聴覚資料・コンピュータ・ソフト等の各種のメデイアでもって構成する」としている。

教育課程が新しい学力観などによって変化してきており，その対応が求められている中で，学校図書館メディアは資料的なレベルから，児童生徒の主体的な学びの資源というレベルに変化してきている。学校図書館メディアの種類に

よって特性があり、それに応じた活用方法ができるような学校図書館整備をめざさねばならないだろう。

学校図書館には、読書をとおして本を読むことの喜びや楽しみ、新しい発見などにより、児童・生徒の基礎的な学習力の形成につながるような「読書センター」機能が必要とされている。本の読書だけにとどまるものではなく、各種の読書活動、たとえば読み聞かせ、ストーリーテリング、紙芝居、ブック・トーク、ブック・ディベートなどが学校図書館支援者らの協力もあって活発に展開されている。各種のメディアを整備することは、多様な読書活動の場を提供することであり、適切なメディアが活用できるような体制を整備することが望まれている。

多くの課題を解決するためには、今後は学校図書館メディアの収集方針、選択方針、保管方針等により、学校図書館メディア構築に向けての取り組みを組織化することになる。さらに学校図書館メディアに対する評価機能を取り入れることも重要である。

学校図書館メディアの活用について、国立青少年教育振興機構調査では、学校図書館の蔵書のデータベース化の現状について問うている。回答を見ると、電子ベース化を図った小学校60.7%、中学校61.1%、高等学校80.8%である。高等学校のデータベース化が進展しているのに対して、小・中学校での対応が遅れているようであるが、全体として着実に進んでいることが分かった。データベース化だけでなく、IT化がこれからの最重要課題であることはいうまでもない。

4. 学校図書館の蔵書や資料の整備

学校図書館には、「読書センター」という重要な機能がある。「生きる力」を育む場としての学校図書館においては、あらゆる学習の基盤となる言語能力の育成を各教科で行うだけでなく、「自ら本に手を伸ばす子どもを育てる」こと（文化審議会答申、2004、26ページ）を目標にして、児童生徒の知的活動を促進

し，感性や情操を育むことが重要であるという認識のもとに，読書習慣の形成や図書資料を活用した多様な学習活動を組織することが必要とされている。学校図書館の「読書センター」機能を充実させるには，児童生徒が利用しやすい図書館であることが何よりも大切である。そのためには，館の雰囲気や図書資料の使い易さ，利用のし易さが重要であるし，広報活動などの運営的条件も大事であるが，何よりも物的条件である蔵書等の図書資料が充実していることが大切である。

学校図書館の蔵書冊数については，前述したような全国学校図書館協議会が自主的に定めた基準があるが，文部科学省によって「学校図書館図書標準」という一定の基準が設定されている（次ページの表を参照）。「学校図書館図書標準」は，公立の義務教育諸学校の図書館における蔵書の整備を図ることを目的として設定されたものであり，1993（平成5）年から地方交付税等により財源措置が採られてきている。

次に，国立青少年教育振興機構調査から，蔵書冊数，購入数，寄贈数，廃棄数等の変化を見る。蔵書冊数については，小学校調査では，平均蔵書冊数は8,369冊であり，1万冊以下の学校がおよそ4分の3であった。中学校調査では，平均蔵書冊数は10,140冊で，1万冊以下と回答した学校は約半数であった。高等学校調査では，平均蔵書冊数は25,176冊となっており，1万冊から10万冊が86％となっている。

それでは，購入数はどうであろうか。各校とも苦労されながら予算をつけ，選定し，購入に至っていると思われるが，以下のような結果が示されている。小・中・高校合わせての平均が498冊で，小学校が365冊，中学校が508冊，高等学校が631冊であった。

寄贈によって蔵書数を増やす努力も続けられており，小・中・高校合わせての平均が79冊で，小学校が80冊，中学校が70冊，高等学校が89冊となっており，校種の違いによって冊数がそれほど変わらないという結果であった。この購入数と寄贈数を単純に合計した増加冊数の平均は，小学校は445冊，中学校は578冊，高等学校は720冊となった。

第4章　学校における読書環境づくり

表4-1　学校図書館図書標準（1993年制定）

ア　小学校

学級数	蔵書冊数
1	2,400
2	3,000
3〜6	3,000＋520×(学級数−2)
7〜12	5,080＋480×(学級数−6)
13〜18	7,960＋400×(学級数−12)
19〜30	10,360＋200×(学級数−18)
31〜	12,760＋120×(学級数−30)

イ　中学校

学級数	蔵書冊数
1〜2	4,800
3〜6	4,800＋640×(学級数−2)
7〜12	7,360＋560×(学級数−6)
13〜18	10,720＋480×(学級数−12)
19〜30	13,600＋320×(学級数−18)
31〜	17,440＋160×(学級数−30)

ウ　盲学校（小学部）

学級数	蔵書冊数
1	2,400
2	2,600
3〜6	2,600＋173×(学級数−2)
7〜12	3,292＋160×(学級数−6)
13〜18	4,252＋133×(学級数−12)
19〜30	5,050＋67×(学級数−18)
31〜	5,854＋40×(学級数−30)

エ　盲学校（中学部）

学級数	蔵書冊数
1〜2	4,800
3〜6	4,800＋213×(学級数−2)
7〜12	5,652＋187×(学級数−6)
13〜18	6,774＋160×(学級数−12)
19〜30	7,734＋107×(学級数−18)
31〜	9,018＋53×(学級数−30)

オ　聾学校（小学部）

学級数	蔵書冊数
1	2,400
2	2,520
3〜6	2,520＋104×(学級数−2)
7〜12	2,936＋96×(学級数−6)
13〜18	3,512＋80×(学級数−12)
19〜30	3,992＋40×(学級数−18)
31〜	4,472＋24×(学級数−30)

カ　聾学校（中学部）

学級数	蔵書冊数
1〜2	4,800
3〜6	4,800＋128×(学級数−2)
7〜12	5,312＋112×(学級数−6)
13〜18	5,984＋96×(学級数−12)
19〜30	6,560＋64×(学級数−18)
31〜	7,328＋32×(学級数−30)

キ　養護学校（小学部）

学級数	蔵書冊数
1	2,400
2	2,520
3〜6	2,520＋104×(学級数−2)
7〜12	2,936＋96×(学級数−6)
13〜18	3,512＋80×(学級数−12)
19〜30	3,992＋40×(学級数−18)
31〜	4,472＋24×(学級数−30)

ク　養護学校（中学部）

学級数	蔵書冊数
1〜2	4,800
3〜6	4,800＋128×(学級数−2)
7〜12	5,312＋112×(学級数−6)
13〜18	5,984＋96×(学級数−12)
19〜30	6,560＋64×(学級数−18)
31〜	7,328＋32×(学級数−30)

出所）文部科学省「学校図書館図書標準」

第2部　読書教育のための学校環境

　一方，学校図書館を整理するために実施されている蔵書廃棄（減少冊数）をみると，小学校266冊，中学校335冊，高等学校451冊であり，おおよそ3割の学校で1,000冊以下の廃棄処分が行われていることが分かっている。増加冊数と減少冊数を合わせると，小学校179冊，中学校243冊，高等学校269冊，小・中・高校を合わせた平均でみると，229冊の増加となり，各校で毎年200冊程度の蔵書が増えていることを示している。

　整理上必要な廃棄に対しての増加が少なく，蔵書冊数の増加があまり見込まれない現状には少々疑問を感じることになる。また，実際の数字には学級文庫の本が含まれていないケースが考えられ，蔵書冊数がもう少し増加することが予想されるが，本当に読みたい本や調べ学習などで役立つ本の購入が強く望まれている。寄贈等による図書の充実も重要であるため，どのような本を必要とするのかについて，広報を通して保護者や地域住民などに働きかけていくことが重要であろう。

　学校図書館にある蔵書以外の資料には，新聞，雑誌，教員等が収集・作成した資料，オーディオ・ソフト（カセットテープ，CD，MD等の録音資料），ビデオ・ソフト（LD・DVD等の映像資料）やコンピュータ・ソフト（CD-ROM，DVD-ROM等のコンピュータ資料）などがある。国立青少年教育振興機構調査では，図書や新聞以外の資料が学校図書館に配備されているかどうかの調査を行っている。回答全体をみると，「地域に関する資料」が約76％強，「ビデオテープやDVD等の視聴覚教材」が約35％弱，「図書や新聞以外の教材や教具」が約27％弱，「学校の成果物」が約25％であった。視聴覚教材については高等学校での利用が進んでいるが（約56％），全体としてはこれからだと思われる。

　調べ学習などで，児童・生徒が主体的に取り組んでいる資料や教材のひとつが新聞記事であり，大手新聞社はもちろんのこと，地方新聞社，その他のマスコミやミニコミで発行される新聞資料が学習に役立っている。ただ経済的理由等で，新聞を購読していない家庭が増加しており，調べ学習を家庭での課題や宿題にすることが難しくなりつつある。そこで，学校図書館の役割が重要となるのであるが，国立青少年教育振興機構調査では，校種別に学校図書館におけ

第4章　学校における読書環境づくり

る新聞配備についてみると，小学校が32.7％，中学校が30.3％，高等学校が86.6％となっている。この結果からは，高等学校では多くの学校で配備され，小・中学校は3分の1以下の学校でということになる。また学校に配備されている新聞紙の紙数は，小学校が1.4紙，中学校が1.7紙，高等学校が3.1紙であったことからも，学校予算の制限を強く受けていることが分かる。

　日本新聞教育文化財団等が中心となって取り組まれているNIEのように，児童生徒を対象にした学校での新聞教育の推進が提唱されているにもかかわらず，実際の学校現場では新聞が配備されていないという実態がある。新聞記事などから作成された資料が，「調べ学習」や「総合的な学習の時間」等で役に立つという報告が多いだけに，現状には問題があると思われる。こうした現状に立って，文部科学省は，平成24年度から5か年にわたって計75億円の学校図書館への新聞配備を予算化しているが，内訳として新聞1紙配備に過ぎず，地方公共団体の支援が望まれるところである。

　小・中学校の学校図書館の充足度については，国立青少年教育振興機構調査では，「学校図書館標準の達成」で示されている。国の「図書標準を達成している」と感じている学校は，小学校57.7％，中学校49.8％となっており。小・中学校平均で53.7％という結果が出ている。約半数の学校が充足していることになり，まだまだ十分ではない状態が続いていることを意味する。また学校図書館担当職員が配置されている学校の方が，そうでない学校と比較して充足度が高いことが分かっており，同職員の配置が進むことが期待される。

　ところで，学校図書館の整備に大きな影響を与えているのが，予算等の財政的措置の問題である。一般的に，公立学校の学校図書館予算は各教育委員会からの予算配当で決まり，それを学校図書館基準に沿って各費目毎に配分される。概ねで示すと，図書費55％，新聞雑誌費15％，製本費18％，備品費5％，消耗品費5％，雑費2％となっている。

　次に，学校図書館における蔵書整備の実態と進め方について考えてみよう。蔵書の充実を図るには，まず購入予算を確保することであり，予算範囲内で選書等の作業により購入図書を決定，購入，配置することになる。前述した全国

学校図書館協議会の基準では，年間購入冊数は以下の数式によって年間に購入する図書の最低冊数が数値で示されている。

$$蔵書数 \times 0.1 + 1冊 \times 児童生徒数 = 年間購入冊数$$

予算獲得に必要な年間購入費についても算出された数値がある。

$$年間購入冊数 \times 平均単価 = 年間購入費$$

※平均単価は，全国学校図書館協議会が毎年発表する「学校図書館用図書平均単価」を適用するとなっている。

また「蔵書冊数の配分比率」についても，全国学校図書館協議会が示した基準がある。この配分基準は冊数比となっており，小・中・高等学校及び中等教育学校について，概ね次のような比率で示されているが，学校の教育課程や地域の実情を考慮して弾力的に運用することが望ましいとされている。校種によって比率が異なるが，「0 総記」6％，「1 哲学」2〜9％，「2 歴史」15〜18％，「3 社会科学」9〜11％，「4 自然科学」15〜16％，「5 技術」6％，「6 産業」5％，「7 芸術」7〜9％，「8 言語」4〜6％，「9 文学」19〜26％となっている。留意事項として，絵本やまんがは，主題のもとに分類すること，専門教育を主とする学科またはコースを有する高等学校・中等教育学校においては，その専門領域の図書の配分比率について考慮することなどが示されている。

いずれにせよ，各種の領域がバランス良く整備されることが必要であり，司書教諭を中心とした選書委員会などで十分に配慮することが期待される。

5. 学級文庫の役割

学校における読書活動の充実に寄与しているものに学級文庫がある。残念ながら高等学校の事例は少なく，ほとんどの小学校と多くの中学校では学級文庫が設置されている。

児童生徒の学校生活は，時間的な制約が多い上に学校図書館に行くこともままならない。そこで手軽な読書の機会として存在するのが学級文庫である。学

第4章　学校における読書環境づくり

級文庫は，本好きの子どもたちが学校に本を持ち寄ることから始まる。要らない本を持ち寄るのではなく，大切な本を持ち寄るので，本を大切に扱うことにもなり，子どもたちの発達段階に見合った本，人気のある本や話題になっている本が集まるので，学級文庫を利用する子どもたちは多い。

　学級の全員が読み終えた本は，再びもってきた子どもの家庭に戻ることになる。読み聞かせにおいても，学級文庫の本が利用されることがある。

　学級文庫の運営は，特別活動である学級活動（ホームルーム活動）の一環としても行われる。教室に文庫のコーナーがあり，書架が設けられたり，カラーボックスなどが置かれて200〜300冊程度の本が並べられ，名前のついた学級文庫も珍しくない。学級文庫には貸出しノートがあり，子どもが本を家に持ち帰ることもあるので，記録して貸出しや返却を行うのが通例である。ある学校の事例では，学級文庫の本を学校図書館からセットで数十冊を貸し出すというケースがある。学校図書館の分館的措置であり，このセット本が学校図書館係の教員らによる推薦図書ということになる。セット本は，他の学級文庫の本と重なるものもあれば，そうでない本もある。

6. 地域社会と学校図書館

　これからの学校図書館は，学校だけでなく周辺の地域社会との関わりなしに存続するものではなく，地域社会の住民などと連携・協力していくことが必要である。

　2009（平成21）年に示された「これからの学校図書館の活用の在り方等について」（子どもの読書サポーターズ会議報告）では，これからの学校図書館に求められる課題として，家庭や地域との連携などにより，読書の習慣付けを図る取り組みを活性化させることとしてあげている。課題に対しては，学校図書館やそのスタッフを有効に活用しながら，学校全体として組織的に取り組むことが求められるとしている。また多様な要請への対応として，地域における読書活動などの活性化に貢献していくことも重要であるとし，学校図書館の地域開

放について，適切な運営が図られねばならないとしながらも，読書を通じた異年齢の子ども同士の交流や，地域の大人との交流を促進できるなど，子どもの読書活動を充実させる上での効果も大いに期待できるとしている。こうした考え方をふまえて，①家庭や地域における読書活動推進の核として，学校図書館を活用すること，②放課後の学校図書館を地域の子どもたち等に解放することなど，学校図書館の活用高度化に向けた視点と推進方策を示している。

　読書活動の推進にあたっての地域社会との連携について，国立青少年教育推進機構調査では，次のような結果が示された。地域との連携の内容について，「公共図書館との連携をしている」と回答した学校が47.6％，「ボランティアを活用している」が37.1％であったが，こうした活動に否定的な学校も少なくなく，高等学校の61.1％，中学校の40.3％が「特にやっていない」と答えている。こうした校種の学校は，学校の校区が広いために地域活動が育ちにくいというマイナス要因があることが大きいと思われる。学校図書館担当職員を配置している学校と地域社会との連携とをクロス集計でみると，地域社会の住民を学校図書館担当職員を配置している学校は，ボランティア活動などの地域活動に積極的であり，中学校では学校図書館の地域開放に熱心で，読書活動の推進で地域と連携していることがわかった。

　次に人材に関わることであるが，同調査で地域と連携していくためのボランティア活用について聞いたところ，「読み聞かせ，ブックトーク等読書活動の支援」を87.1％の人が答えており，「学校図書館の書架の見出し，飾り付け，図書の修繕等の支援」が41.7％，「配架や貸出・返却業務等図書館サービスに係る支援」が17.7％であった。「読み聞かせ，ブックトーク等読書活動の支援」が高率であることからも，読書活動は域社会からの支援を受けやすい試みであり，今後も学校と地域社会との連携・協力を推進していくうえでの鍵になると思うのである。

　また，学校図書館を地域のために開放する時間をたずねたところ，全体平均では，「長期休業中に開く」が37.9％，「放課後に開放」「授業を行っている時間帯に開放」がともに34.5％，「土曜日・日曜日のいずれかに開放」が11.5％

であった。高等学校は、「長期休業中に開く」という回答でも14.3％しかなく、地域社会とのつながりが低いことが分かった。学校図書館開放の対象者については、「当該校の児童生徒の保護者」が9割弱、「保護者以外の地域住民一般」が約5割強、「地域の子ども」が4割弱であった。

　学校図書館開放の頻度では、「ほとんど毎日」という回答が5割強、「週に1回程度」が約15％であり、学校図書館開放にあたって望むサービスの内容を見ると、「貸出」が90.8％、「閲覧」が88.5％となっている。一方、「読書活動の取り組み（読書会、読み聞かせ等）」については10.3％しかなかった。

　地域開放にあたっての学校図書館担当職員としての地域住民雇用については、小学校が26.7％、中学校が40.9％、高等学校が22.9％で、地域住民の学校での雇用が進展していないという実態もある。

　地域社会と学校の関係は、小学校や中学校において一定の前進があるが、高等学校では相当難しいことが分かった。学校図書館支援ボランティアの活動や学校図書館支援者の雇用など、比較的連携・協力しやすい課題から進めていくことが必要ではなかろうか。地域社会の支援なしに学校図書館の充実はあり得ないという視点をふまえて、今後の子どもたちの読書環境の整備に努めなければならないと思うのである。

参考文献
独立行政法人国立青少年教育振興機構『子どもの読書活動と人材育成に関する調査研究』
　　2013
中央教育審議会答申『21世紀を展望したわが国の教育のあり方について』1996
文化審議会答申『これからの時代に求められる国語力について』2004

第5章

地域との連携
——公共図書館や住民との連携

1. 学校図書館を巡る政策の動向

　1990年代以降の学校図書館に関する政策の動向をみると，学校図書館の蔵書の充実を中心に財政措置がなされてきたことが分かる。1993年に公立小中学校の学校図書館の蔵書量の基準として「学校図書館図書標準」が定められ，同年度から「学校図書館図書整備5ヶ年計画」が実施された。その後，1997年に学校図書館法が改正され，司書教諭の配置が見直されることになった。2001年の「子どもの読書活動の推進に関する法律」では，地方自治体が読書推進計画を策定するよう努めることが定められ（第9条），この法律に基づいて，2002年，2008年，2013年に「子どもの読書活動の推進に関する基本的な計画」が3回にわたって策定されている。さらに，学校図書館の資料が不足している状況を考慮し，蔵書の増加冊数分，更新冊数分の地方財政措置として，「学校図書館図書整備計画」が，2002年から三次にわたって制定されている。2012年度に制定された第四次の整備計画では，図書整備だけでなく，学校司書の配置についても財政措置が講じられることとなった。

　これらの一連の政策によって，学校での読書活動や，司書教諭の発令，学校図書館担当職員の配置等については一定の改善がみられた。しかし，依然として学校段階が進むごとに読書離れが進む傾向があることや，地域によって取り組みに差があること，図書館資料の整備が不十分であることも指摘されてい

第5章　地域との連携

表5-1　学校図書館の機能の充実に関する主な事業[1]

事業名	年度	内容
学校図書館情報化・活性化推進モデル地域事業	1995-2000	学校における情報通信ネットワークの充実を図る事業。1995-97年度に5地域，1996-1998年度に3地域，1998-2000年度に72地域を指定。
学校図書館資源共有モデル事業	2001-2003	学校図書館の蔵書情報のデータベース化，ネットワーク化による図書資料の検索・貸出・流通システムの構築，学校図書館や蔵書を利用した教育実践の普及，仕組みの整備，コーディネート機能の整備を行う事業。モデル地域として47地域を指定。
学校図書館資源共有ネットワーク推進事業	2004-2005	データベースやネットワークを活用した蔵書の共同利用化の促進，優れた教育実践の収集・普及，公共図書館等と連携した教育活動等の支援を行う学校図書館支援センター機能について調査研究を実施する事業。34地域を指定。
学校図書館支援センター推進事業	2006-2008	学校図書館間の連携や各学校図書館の運営，地域開放に向けた支援等を行う学校図書館支援スタッフを学校図書館支援センターに配置。指定地域内の各学校に，支援スタッフと連携・協力し，事務を行う協力員を配置することで，学校図書館の機能の充実・強化を図る事業。36地域で学校図書館支援センターを配置。
学校図書館の活性化推進総合事業	2009	児童・生徒の読書習慣の確立や読書指導の充実，最新の学習指導要領に示された図書館利用の実現等のために，公共図書館を中心として地域との連携による児童・生徒の自発的・主体的な学習活動の支援や，教員のサポート機能の強化等を図る事業。
学校図書館の有効な活用方法に関する調査研究	2010-2012	「確かな学力の育成に係る実践的調査研究」の1つとして実施。学校図書館の機能の高度化を図り，その活動の活性化を推進するため，児童生徒の自発的・主体的な学習活動の促進や，教員のサポート機能の強化等の観点から，学校図書館の有効な活用方法等に関する実践的な調査研究を進める事業。
学校図書館担当職員の効果的な活用方策と求められる資質・能力に関する調査研究	2013-	「確かな学力の育成に係る実践的調査研究」の1つとして実施。学校図書館担当職員を配置している学校において，担当職員の役割や，必要とされる資質・能力に関する実践的の研究を実施する事業。

る[2]。2014年6月に学校図書館法が改正され，学校司書を置くよう努めることが定められるなど，学校図書館に関する条件整備が徐々に進められる現在だからこそ，児童生徒の読書や学習支援を行う「読書センター」，「学習・情報センター」として学校図書館の機能を充実させる方策を検討することが重要となる。

この学校図書館の機能の充実に関しては，1990年代中頃より，文部（科学）省によって各種のモデル事業や研究事業が実施されてきた（表5-1参照）。これらの事業の内容をみると，当初は，学校図書館の蔵書のデータベース化や，資料のネットワーク化といった基盤整備に重点が置かれていたが，徐々に公共図書館等を中心とした学校図書館への支援に力点を移していることが読み取れる。現在では，児童生徒の学習支援を主たるテーマとして，学校図書館の機能や担当職員の役割に関する実践的な調査研究事業が行われている。このように，学校図書館の機能の充実の方策についてはその力点が徐々に変化しつつあるが，その中でも，学校図書館と公共図書館，あるいは学校と住民との協力が依然として重要な構成要素であることに変わりはない。

2. 学校図書館と公共図書館，保護者・住民との連携・協力の状況

本節では，学校図書館と公共図書館との連携，保護者・地域住民との連携について，関連する政策の動向と連携の状況をみることとしたい。

(1) 公共図書館との連携の状況

学校図書館と公共図書館との連携という発想を遡ると，学校と社会教育施設（図書館，博物館，公民館等）の連携を推進しようとした「学社連携」という考え方に辿り着く。この考え方は，1971年の社会教育審議会答申「急激な社会構造の変化に対処する社会教育のあり方について」で提起されたものである。この答申では，青少年の「全人的な成長」において，「家庭，学校及び社会で行われる教育が，それぞれ独自の役割を発揮しつつ全体として調和を保って進められることが極めて重要である」とされ，学校教育と社会教育の連携・協力の

第 5 章　地域との連携

重要性が指摘された。

　この答申以降，地域住民や保護者への学校施設の開放や，学校による社会教育施設の利用といった具体的な取り組みが進められた。しかし，多くの地域では，学校教育と社会教育という枠組みを前提とし，施設の一部を利用したり，機材や資料を貸し出したりする部分的な連携に留まった。この結果，プログラムを共同で開発したり協力して活動を行ったりする動きにはなかなかつながらなかった。

　この反省を踏まえて，1990年代中頃に提起されたのが，「学社融合」という考え方である。この考え方について，1996年の生涯学習審議会答申「地域における生涯学習機会の充実方策について」では，「学校教育と社会教育が，それぞれの役割分担を前提とした上で，そこから一歩進んで，学習の場や活動など両者の要素を部分的に重ね合わせながらも，一体となって取り組んでいこうとする考え方であり，学社連携の最も進んだ形態」であると述べている。つまり，従来の学社連携の考え方を一歩進めて，学校教育と社会教育が協働して教育に取り組んで行こうとする考え方が示されている。

　それでは，これらの政策を通じて，学校図書館と公共図書館との連携は，どの程度進んできたのだろうか。「学校図書館の現状に関する調査」の結果をみると（図5-1），2000年代に入って連携の割合は一貫して増加傾向にあることが分かる。具体的には，小学校では5割弱から8割弱に，中学校では約3割から約5割に，高校でも2割強から4割強にまで増加してきている。

　ただし，連携の内容面では課題がある。連携を行っている学校に対して，その内容を尋ねた結果，「公共図書館資料の学校への貸出」が各導入校で最も高く，「連絡会の実施」は1～3割，「司書などによる学校への訪問」は小学校では2割を超えるものの，高校では1割以下であることが明らかとなった（2012年5月時点）。このような状況をみると，学校図書館と公共図書館との連携・協力とは，資料や人的体制，設備が不十分な学校図書館を公共図書館が全面的にバックアップしていることが多く，「連携というより支援という方がふさわしい」という指摘も頷ける[3]。連携の内実が，学校への資料の貸出が中心で，

第 2 部　読書教育のための学校環境

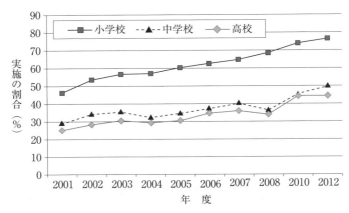

図 5-1　学校図書館と公共図書館との連携の割合の推移

出所）文部科学省児童生徒課の実施する「学校図書館の現状に関する調査」の各年度の結果より筆者作成。

教材やプログラムの共同開発へとつながっていないとすれば，学校図書館と公共図書館との連携は，発展する余地をなお多く残しているといえる。

(2) 保護者・地域住民との連携・協力の状況

　学社連携・融合の動きに加えて，2000年代に入ると，授業や放課後の活動に地域住民や保護者が，ボランティアとして関わることを求める政策も進められてきた。たとえば，2006年に改正された教育基本法では，第13条に「学校，家庭及び地域住民その他の関係者は，教育におけるそれぞれの役割と責任を自覚するとともに，相互の連携及び協力に努めるものとする」との条項が新設された。これに続いて，2008年には社会教育法が改正され，第 3 条 3 項に「国及び地方公共団体の任務」として，「学校，家庭及び地域住民その他の関係者相互間の連携及び協力の促進に資することとなるよう努める」との条項が追加された。これらの法改正を受けて，2008年から，学校支援地域本部事業が国の委託事業（のち補助事業）として実施されている。これら一連の政策は従来の学社連携・融合の動きを広げ，これまで教育の中心的な役割を担ってきた教職員や

第 5 章　地域との連携

社会教育施設の職員だけでなく，従来，副次的な役割に位置づけられてきた保護者や地域住民が児童生徒の教育に携わることを求めるものである。

学校（図書館）においても，保護者や地域住民にボランティアとしての関わりを求める動きがみられる。「学校図書館の現状に関する調査」の結果をみると，2000年代以降ボランティアを活用している学校は，小学校で約3割から約8割に大きな伸びをみせ，中学校でも3割弱にまで増加している（図5-2）。

このボランティア導入校の中で，具体的にどのような活動を依頼しているかについてみると，「配架や貸出・返却業務等，図書館サービスに係る支援」が小学校で2割弱，中学校・高校で3割強となっている。「学校図書館の書架見出し，飾りつけ，図書の修繕等支援」については小学校で約4割，中学校で半数程度，高校では約3割となっている。さらに「読み聞かせ，ブックトーク，読書活動の支援」については，小学校ではほぼ全ての導入校で，中学校・高校でも半数程度の導入校で実施されている（いずれも2012年5月時点）。

このように，学校図書館におけるボランティア活動は，小・中学校を中心とし，読み聞かせや読書活動の支援を軸に，一部の学校で配架や貸出・返却，書

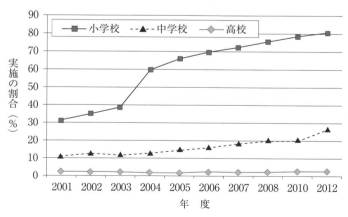

図5-2　学校図書館におけるボランティア活用の割合の推移

出所）文部科学省児童生徒課の実施する「学校図書館の現状に関する調査」の各年度の結果より筆者作成。

架整理等の活動への支援が行われている状況にある。

　以上みてきたように，学校図書館と公共図書館との連携や，学校（図書館）におけるボランティアの活用は，徐々にその割合を増やしながらも，その内容に関しては多くの課題を抱えている。この連携の段階を，①「開始したばかりの初歩的な支援のみを行っている段階」，②「支援がある程度進んでその支援の内容が人材の育成等を含む基本的な学校図書館サービスをするのに役立っている段階」，③「支援が進んで今後より先進的な学校図書館サービスを確立していくのに役立つ段階」という3つに分けることもあるが[4]，多くの学校では①の段階に留まっている場合が少なくないことが問題である。

　それでは，学校図書館と「外部」との連携が進み，その活動内容が充実している学校では，どのような条件が整えられているのだろうか。この問いに答えるために，学校図書館と公共図書館のネットワーク化を先進的に進めてきた千葉県市川市の取り組みをみてみることとしたい[5]。

3. 学校図書館を中心にしたネットワークの構築：千葉県市川市を事例に

(1) ネットワーク化の背景と理念

　市川市では，1980年代末という非常に早い時期から，当時の山口重直教育長の教育理念のもと，公共図書館と学校図書館とのネットワーク化を進めてきた。山口教育長は，1970年代に同市内の小学校で全校読書運動を進めてきた校長で，1979年に教育長になって以降「花いっぱい・音楽いっぱい・読書いっぱい」という同市の教育モデルを広めてきた[6]。この土台の上に，教育センターの石原孝一氏らが中心となり，1989年から「公共図書館と学校とを結ぶネットワーク事業」が推進されていくことになった。

　この事業の目標は，1998年に同市教育委員会で作成された「めざす学校図書館像」に示されている。ここでは，「生きる力・夢や希望を育む学校図書館」が掲げられ，①「学習を支える図書館」（教科学習への資料提供，調べ学習の支援，読書活動の支援等），②「読書生活を支える図書館」（多様な読書活動，各種図書

館活動,学級への団体貸出等),③「研究を支える図書館」(指導計画の立案援助,学習単元の開発等)という3つの機能を想定している。この図書館像の実現に向けて,「いつでもだれでも自由に使える図書館」,「多様なメディア,外部機関と結ばれた図書館」,「家庭・地域とともに歩む図書館」という目標を掲げて学校図書館の整備を行ってきた。現在では,20年以上の取り組みの成果を受けて,学校図書館を活用した授業が積極的に行われており,先進的な授業の事例集等が発行されている。

(2) 学校図書館と公共図書館のネットワーク化

同市では,「物流ネットワーク」と「情報ネットワーク」の整備を両輪として,このネットワークを支える「人のネットワーク」の構築を図ってきた。

まず,1993年から物流ネットワークの運用を実験的に開始し,1994年より図書の相互貸借を始めた。2013年現在,同市内の全ての公立幼稚園,小学校,中学校,特別支援学校が参加している。このシステムは,中央図書館の全面的なバックアップを受けて構築されたもので,公共図書館を起点に2台の配送車が週2回,全64校(園)を一巡している。貸出期間は4週間で,貸出冊数に制限はなく,年間5〜6万冊の図書が貸借されている(図5-3参照)。

学校図書館はスペースが限られており,蔵書数や購入できる資料数には制約がある。また,学校での読書活動や学習活動が盛んになるほど自校の蔵書だけでは対応できなくなる。このため多くの自治体では,公共図書館を中心とした物流ネットワークや団体貸出を通じて,この資料の不足を補っている。

しかし,同市の物流の内訳は,学校間の図書の移動が約7割,公共図書館からの貸出が3割程度となっている。これは事業開始当初から,公共図書館に頼りきることなく,学校間での貸借を優先してきたことに起因する。この物流の手続きであるが,各学校司書・学校図書館員が,他の学校や公共図書館に対して,学習や読書に必要な図書をメーリングリストで依頼する形である。依頼の際には,教科名,対象学年,授業の目的等を挙げることが多く,具体的な図書名を挙げる場合は少ないとされる。物流ネットワークが構築される以前からこ

第2部　読書教育のための学校環境

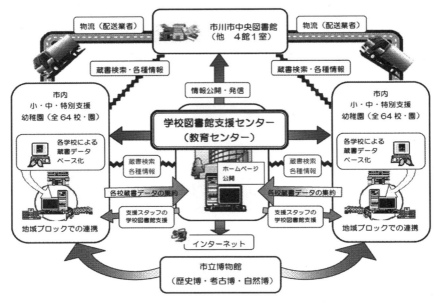

図5-3　市川市の「学校図書館ネットワーク事業」の概念図
出所）市川市教育センター「公共図書館と学校を結ぶネットワーク事業」概要図
　　　http://www.ichikawa-school.ed.jp/network/top.htm（最終閲覧日：2014年10月27日）

の方法が続けられており，依頼内容に応じて学校司書や学校図書館員が専門的な観点から選書を行うことにつながっている。この結果として，自校に備わっていない図書や，多様な図書が物流ネットワークを通じて配送されることになり，学校間の蔵書の交流がなされることになっている。なお他校から提供され，利用効果の高い図書については，次年度に自校の蔵書として購入することが推奨されている。日常的に蔵書の貸借と精査が行われることが，各学校図書館の蔵書の充実につながっている。

　なお，この物流ネットワークを円滑に運用するために，同市では1993年から，各学校に「学校図書館年間利用計画」を提出することを義務づけている。この年間計画は，学年，教科，実施月ごとにまとめ直され，市全体の「学校図書館年間総合計画」として公共図書館や各学校に配布されている。この計画をみる

第5章　地域との連携

と，年間のどの時期に，どの教科のどの単元で，学校図書館を活用した授業が計画されているかを一望することができる。この計画によって，他校の資料を貸借する際に利用時期が重ならないように配慮でき，公共図書館も学校への貸出を計画的に行えるという利点が存在する。

　このように，学校ごとの多様性をもちながらも，市内全体で「ひとつの図書館」を構成しようとするのが同市のネットワークの基本的な考え方である。

　次に同市では，文部（科学）省の推進する学校図書館関連事業を1996年度から継続して受け，「情報ネットワーク」の整備を進めてきた。このネットワークの整備は，1995年の，直通FAX付きの電話の配備から始まった。当時はインターネットが普及しておらず，他校との連絡には専用のFAX付きの電話が必要だった。これに次いで，蔵書のデータベース化と，学校図書館内のインターネット整備が進められ，2002年度までに全校でデータベース化を完了した。現在，各学校図書館には，専用のFAX付きの電話，蔵書管理用のコンピュータ，調べ学習用のパソコン等が配備されている。公共図書館や他の学校図書館との連絡にはメーリングリストが活用されている。

　このような物流と情報のネットワークが整備されたとしても，ネットワークを運用する人的体制が整備されなければ，その機能を十分に活用できない。この人的体制の整備について，同市では山口教育長のリーダーシップのもと，1979年から，全小・中学校に司書の資格を有した学校司書（専任職員），学校図書館員（非常勤職員）の配置を始め，1992年に市内の全小中学校に配置を完了した。2013年度には市内の小中学校のうち，11校に学校司書，残り44校に学校図書館員を配置している。これらの学校司書・学校図書館員は，専門家として学校図書館での事業支援を行い，図書の配送業務に対応する他，情報ネットワークを支える存在でもある。

　また，各校での司書教諭の発令に関しては，学校図書館法改正以前から検討委員会を設け，1998年から段階的に配置を開始し，2003年度より小規模校を含む全校に発令を行っている。

　さらに，各学校での組織体制の構築を図っていることも「人のネットワー

ク」という点で重要である。2002年度に作成された,「学校図書館チェックリスト」では,校内に「学校図書館部」を創設することを推奨している。この学校図書館部は校務分掌の中に位置づけられ,司書教諭,学校司書に加えて,学年ごとの学校図書館担当教員や,場合によっては研究主任や情報主任が加わる組織である。このため,「学校図書館部」は小学校で7名前後,中学校では4名前後で構成されることが多い。現在,8割近くの学校で学校図書館部が設けられ,組織として読書や学習の支援を行っており,担当者が異動しても継続的に支援を行う体制づくりにつながっている。

(3) 学校図書館支援体制の構築:組織・財政面から

　同市では,学校図書館支援を行う関係機関の体制も充実している。まず,同市中央図書館に併設されている「こどもとしょかん」(図書館内の児童サービス部門)には,7〜8名の司書が配置されており,各学校から寄せられる年間約千件の依頼やレファレンスに対応し,図書の配送を行っている。

　また,1989年の研究開始当初から教育センターに担当の指導主事を配置しているだけでなく,教育委員会内の4部署が協力して学校図書館の支援を行っていることもひとつの特徴である。具体的には,① 教育センター(学校図書館支援の中心機関として,物流・情報システムの維持に努め,学校司書,学校図書館員,司書教諭等に対する研修も実施),② 指導課(学校図書館員の配置,各学校における教科学習への指導・助言を担当),③ 教育政策課,④ 就学支援課(学校図書館の予算管理を担当)が協力体制を築いている。

　この体制に加えて,2006年には,文部科学省の指定を受け,教育センター内に学校図書館支援センター(以下,支援センター)を設置した。全国的にみると,公共図書館に支援センターを設置する例も少なくないが(コラム参照),同市では,教育センターが中心となって学校図書館支援を行ってきた経緯もあり,教育センター内に支援センターを設置することとなった。

　支援センターでは,学校図書館活用に関する調査研究,支援スタッフによる学校図書館支援,物流ネットワークや情報ネットワークの整備,各種研修会の

第 5 章　地域との連携

実施，学校図書館や教師への資料提供，学校図書館に関するデータの集約と分析を行っている。このうち，支援スタッフは，担当の指導主事をサポートして，学校図書館関連の研修会で講師を務めたり，学校に出向いて学校図書館支援や授業支援を担っている。

　学校図書館支援に関わる財政面をみると，同市では先の表 5 - 1 に掲げたような文部（科学）省の，学校図書館関係の全ての事業について指定を受けてきている。これらの指定を受け続けた主な目的は，市内の先進校や研究校だけでなく，市内全域に「学習」「読書」「研究」を支える学校図書館のモデルを広げていくことにあった。もちろん，このような一過性の外部経費の獲得だけでなく，同市では，各学校への学校司書・学校図書館員の配置や，学校図書館ネットワーク事業を進める多くの予算を，市の独自予算として計上してきたことは特筆に値する。

📖 コラム：学校図書館支援センターの活動[7]

　市川市の事例でもみられるように，学校図書館の活動を支援する学校図書館支援センター（以下，支援センター）は，学校と外部の組織や関係機関とを仲介する重要な役割を担っている。2006〜2008年度の文部科学省の「学校図書館支援センター推進事業」によって設置が進んだ自治体も少なくない。市川市のように教育センター内に設置する例（東京都荒川区や愛知県豊橋市等）もあるが，それ以外に教育委員会や，公共図書館の中に支援センターを設置する例がみられる。

　島根県松江市では，教育委員会の中に支援センターを置き，学校司書の雇用と配置，学校司書・司書教諭への研修，市立図書館からの学校貸出等，さまざまな業務を行ってきた。同市では，2009年度から市内の小・中学校に学校司書を配置していること，小・中学校，市立図書館の間で物流ネットワークを構築していることも特徴である。

　静岡県浜松市や熊本市では，公共図書館に支援センターを設置している。浜松市では，市立図書館内に支援センターを設置し，公共図書館が学校図書館の活動に深く関わっている。具体的には，①学校図書館担当者への研修，②児童生徒のための学校図書館利用のための手引きの作成，③調べ学習用の「学習支援パック」や「朝読書用文庫」の貸出を行っている。熊本市でも2008年度より，市立図書館に支援センターを設置している。主な活動は，①管理職退職者を学校図書館アドバイザーとして小中学校に派遣，②物流ネットワークを活用した「物語定期便」や「リクエスト便」の配送，③学校や

> 公共図書館で利用できる共通利用カードの作成等である。
> 　また，新潟市では，「新潟市教育ビジョン」と「新潟市子ども読書活動推進計画」に基づき，2008年度から1年にひとつずつ，計4つの支援センターを公共図書館内に設置し，市内全域をカバーできるように努めてきた。各支援センターでは，学校訪問や相談業務，学校司書や教員への研修，団体貸出や地域開放への支援等を行っている。

4. 「読書コミュニティ」の実現に向けた連携・協力のポイント

　ここまでみてきた，学校図書館と公共図書館との連携や，学校図書館におけるボランティアとしての保護者や地域住民の活用は，「読書コミュニティ」を築いていくためのひとつの方法としてみなすことができる。秋田喜代美によれば，「読書コミュニティ」とは，「読書文化へ子どもたちの参加を誘い，共に読書生活を楽しむというビジョンを共有する，市民としての自主性と主体性と責任を自覚した人達による集団体系」，もしくは「読書という話題に関して関心や問題を共有し，その分野の知識や技能を持続的に相互交流して生み出し，共有し実践を深めていく学習者ネットワーク」のことを指す[8]。この「読書コミュニティ」に求められるのは，児童生徒だけでなく，教職員や行政職員，保護者・地域住民がそれぞれの立場で読書に関わる活動を行いながら，自らも読書を楽しめるようなネットワークを構築していくことである。

　この「読書コミュニティ」を具体化するために重要になるのは，以下の3つの方策である。第1に，読書教育や図書館活用教育を推進していくための学校内の体制づくりである。学校経営との関連からみると，管理職の役割に加えて，司書教諭，学校司書が学校ごとに配置され，恒常的な活動を行っていくこと，さらに学校図書館に関心をもつ教員が集まり組織的に学校図書館を活用した授業の展開がなされていくことがポイントとなる。

　もちろん，取り組み当初から読書教育や図書館活用教育を，学校の経営方針の中に明確に位置づけ，全ての教職員の理解を得ていくことはむずかしいかもしれない。ひとつの戦略として，最初は理解のある教職員への「点へのサービ

第5章 地域との連携

ス」を行い,学校図書館を使った優れた授業実践を蓄積しながら,学校内外にその実践を広め,ボトムアップに活動を組織化していく「点から線,線から面へ」という流れが想定されるだろう[9]。

第2に,学校図書館同士,あるいは学校図書館と公共図書館を結ぶネットワークの構築と,そのための予算の確保である。市川市の事例でみてきたように,学校図書館と公共図書館を結ぶネットワークの構築には,物流,情報,そして人的なネットワークの整備が重要となる。物流や情報のネットワークは,各学校図書館の資源の不足を補うだけでなく,地域全体で読書に関する資源を共有していくために不可欠な仕組みである。同時に,この物流や情報のネットワークを十全に活用していくためには,各学校図書館への人的配備が重要となる。このようなネットワークの整備には,物流や情報ネットワークの構築に関する初期投資だけでなく,ネットワークの維持経費や,実際の運用にあたる人的ネットワークの整備に関する恒常的な予算の確保が不可欠である。

第3に,学校図書館を支援するための「中間支援」の体制の構築である。上で述べた,各学校における体制づくり,そして学校間のネットワークの構築を進めるためには,「中間支援者」による活動のサポートと,それに留まらない「学習」や「読書」のコーディネートが重要である。支援センターの設置はこの体制づくりに役立つひとつの方法であり,支援センターに置かれる職員は,それぞれの学校(図書館)の教職員やボランティアの活動を支援する「中間支援者」として位置づけられる。この「中間支援者」には,地域内の諸機関・団体の機能を結びつけ,児童生徒の「学習」「読書」に関するネットワークを形成するコーディネーターとしての役割も期待される[10]。

この学校内の体制づくり,学校間のネットワークの構築と予算の確保,そして「中間支援」の体制の構築という3つの方策が有機的に結びついていくことによって,読書を共通のテーマとして,それぞれが自律的な活動を展開していく「読書コミュニティ」が実現されていくものと考えられる。

第 2 部　読書教育のための学校環境

注
1) 一連の政策動向については，米谷優子「情報化と学校図書館」『園田学園女子大学論文集』2013，47号，17-37ページも参照。
2) 文部科学省「第三次子どもの読書活動の推進に関する基本的な計画」2013，3-5ページ。
3) 岩崎れい「研究文献レビュー　学校図書館をめぐる連携と支援：その現状と意義」『カレントアウェアネス』2011，309号，25ページ。
4) 同上。
5) 市川市の事例の記述に当たって，同市のネットワーク事業に中心的に携わっていた小林路子氏に，当時の状況等についてお話を伺った（2013年6月22日／市川市立中央図書館）。記して感謝を申し上げたい。この他，小林路子「行政による学校図書館整備・運営のアプローチ：千葉県市川市」『学習情報研究』2009，211号，30-33ページ，小林路子「学校図書館支援センターは授業を支える！：千葉県市川市学校図書館支援センター事業がめざすもの」『学習情報研究』2011，219号，52-55ページの記述も参照している。なお，ここに記載した内容の文責は全て筆者にある。
6) 山口氏の教育理念については，山口重直『全校読書運動の記録』国土社，1976や，山口重直『翔べ未来へ！：読書の街市川の創造～三十年の軌跡と未来像』国土社，1994を参照。
7) 各自治体の支援センターの活動については，2011～2012年の雑誌『学校図書館』における特集記事「学校図書館機能を強化する支援センターとネットワーク」（全9回）を参照のこと。
8) 秋田喜代美「読書コミュニティのデザイン原理」秋田喜代美・庄司一幸編『本を通して世界と出会う：中高生からの読書コミュニティづくり』北大路書房，2005，35ページ。
9) 国際子ども図書館児童サービス課「学校図書館との連携による授業支援サービス：国際子ども図書館の調査研究プロジェクト講演会から」『国立国会図書館月報』2013，622号，18-25ページ。
10) 平久江祐司「学校図書館支援センター担当者の地域の学習コーディネーターとしての可能性」『日本生涯教育学会年報』2009，30号，135-143ページ。

第3部
読書教育の方法
——学校図書館の活用

第6章

就学前の読書教育
―― 本に親しみ，言葉を知る

1. 本との出会い

　幼児期は生涯にわたる人間形成の基礎が培われる重要な時期である。この時期から本に親しみ，多くの物語に触れることは豊かな人間性を育てることにつながる。そもそも教育とは，文化伝達の手段であるとされているが，この文化伝達に有効な手段のひとつが絵本の読み聞かせである。文化には習慣や伝統に加えて，言葉や一般教養なども含まれており，子どもたちは多くの絵本と接する中でこれらの文化を吸収していく。

　幼稚園は，幼児教育段階の学校でありその教育課程や保育内容の基準を示したものが幼稚園教育要領である。幼稚園教育要領の中でも絵本の読み聞かせは明確に位置づけられている。具体的には保育の中で扱うべき5領域のひとつである「言葉」の内容として，「絵本や物語などに親しみ，興味をもって聞き，想像をする楽しさを味わう」ことが含まれている。

　また，国立青少年教育振興機構が2012（平成24）年に行った「子どもの読書活動の実態とその影響・効果に関する調査研究」では，子どもの頃の読書活動や読書量のその後の影響の大きさが指摘されている。子どもの頃（就学前から中学時代）に読書活動が多かった大人や，これまでに「好きな本」や「忘れられない本」があると回答した大人は，1カ月に読む本の冊数が多い傾向があるとともに，子どもに読み聞かせをするなど，読書活動をとおした子どもとの関

わりが多い。またそのような大人は未来志向や社会性などの「意識・能力」が高い事が明らかになったのである[1]。すなわち，幼児期からの読書は継続的な読書活動の土台となり，またその後の発達に肯定的な影響を与えるということができる。

まだ字の読み書きができない幼い子どもにとって，本との出会いは読み聞かせである。自分で本を探すことが出来ない上に，お気に入りの本を見つけても自分では読めない。大人に読んでもらうことが必要なこの幼児期に本と出会い，本に親しむためには，周囲の大人の果たす役割が重要であるといえる。

2. 子どもの読書環境

本書のテーマでもある学校図書館で，幼児期の読書環境を考えることは難しい。幼稚園設置基準には，学校図書館に該当する施設の設置義務は定められていないからである。幼稚園に関しては，幼稚園設置基準第11条において「次の施設及び設備を備えるように努めなければならない」とされる中に「図書室」が含まれているのみである。学校図書館法にも幼稚園は含まれず，幼稚園には子どもの読書環境を整える努力義務が課せられているのみになっている。学校図書館の範囲外であるために，幼稚園教諭は学校司書の資格取得も不可能となっている。

実際，図書室を独立した設備として設置している幼稚園は少ないのが現状である。職員室や共有の多目的な部屋に本をまとめてあるのがよく見られる形式だ。保有する図書は担当となった教員が予算内で揃えることになり，選ぶ図書は保育者用の保育関連本と保育に用いる絵本が多いようである。担当教員は司書ではないため，日々の保育の経験から選書を行うこととなる。この場合先輩の助言のほかに，児童書の出版社や大手書店の推薦図書を参考にしているとのことであった。不足を補う方法として，地域の公立図書館からの貸し出し制度がよく利用されている。

幼稚園教諭は，司書ではないが読み聞かせの専門教育を受けた優れた読み手

第6章　就学前の読書教育

であり，子どもの成長や嗜好についても知識がある。幼児期の読書教育の中心的役割を担うことが求められているだろう。最近は，図書の家庭向けへの貸し出しを行う幼稚園が増えている。また保護者向けの読書会や，読み聞かせの講習会を開くなど，幼稚園教諭がアドバイザーとなって保護者が子どもと読書する機会を支えようという取り組みが進められている。幼稚園と家庭が連携して子どもの豊かな読書環境を構成する中で，幼稚園教諭の専門性が生かされているといえる。

　家庭にとって身近な環境としては，図書館の児童書コーナーがあげられる。図書館には司書もおり，絵本の選び方や留意点などを家庭に対して助言できる最も身近な専門家を備えているといえる。また，図書館では絵本や紙芝居の貸し出しはもちろん，お話会などのイベントも多く開催されていて，親子で絵本に親しむ環境を提供している。子どもだけではなく，保護者に対しても，児童書と触れる機会を提供している点が特徴であろう。

　さらに地域の中での読書環境としては，家庭文庫があげられる。家庭文庫とは，個人が自宅と蔵書を地域に開放する施設のことである。家庭的な雰囲気の中で子どもだけではなく保護者の集う空間を生み出している。家庭文庫は1970年代から80年代にかけて増加してきたが，1980年代後半から減少傾向へと転じた。その理由は，主催者の高齢化にともなう後継者不足や，運営場所となる各家庭事情などに加えて地方自治体の財政難による補助費用の削減などがあげられている。個人の熱意によって支えられている側面が大きい環境であるため，継続的な運営には地域の協力が不可欠である。本と人，人と人との交流を作りだす空間として，地域コミュニティの中での豊かな読書環境を生みだす独自の役割を果たしていく努力が続けられている。

　読書環境について秋田は，3つの視点を指摘している。第一に読書環境が子どもにとって社会文化的活動への参加になっている点，第二に読書環境は与えられるものではなく，子どもと大人が活動を通して構成していくものである点，第三に直接的な環境だけではなく，間接的な環境も含めて読書環境をとらえる点である。この指摘は，多くの図書が用意されているだけでは不十分であり，

その中で子どもたちに読み聞かせを行ったり，子どもたちと共に読書を行ったりする大人の存在が，環境として重要であることを示しているといえる[2]。

3. 物語との出会いのために

　前説で述べたように子どもたちが本や物語と出会うために，私たちができるのは単に本をそろえることだけではない。物語の世界へと子どもたちの関心を引きつけ，本を読むことに興味をもたせるためにさまざまな働きかけを行うことが有効だ。本節では，子どもたちが本に親しむために行われる2つの取り組みをみていきたいと思う。

　保護者向けに行われる代表的な働きかけとしては，「ブックスタート」がある。これは自治体が乳児のいる保護者に絵本や絵本の読み聞かせを一緒に楽しむ体験を贈る取り組みである。ブックスタートが始まったのは，1992（平成4）年のイギリスであり，日本では2000（平成12）年の「こども読書年」をきっかけとして東京都杉並区で試験的に実施され，その後全国に広がっていくこととなった。2013（平成25）年11月には864の市区町村での実施が確認されている[3]。多くの自治体では0歳児健診などの機会に，絵本やアドバイス集，または絵本のリストなどを保護者に手渡しており，自治体に住むすべての保護者が対象となる。ブックスタートは，保護者が子どもに絵本を「読む」ことを目的とするのではなく，絵本を「一緒に楽しむ」ことを目的とするものである。子どもの生活の中に，本との触れあいが自然と溶け込むように保護者を巻き込む取り組みであるといえる。

　図書館などで，子どもがより本に関心をもつように行われている取り組みに「ブックトーク」がある。ブックトークは本来，年齢が高い子ども向けの働きかけであり，テーマに基づいて本を紹介することをいう。季節や行事，または対象となる子どもたちの関心に沿ったテーマを決め，そのテーマに合わせて数冊の本を子どもたちに紹介する。大切なのは，本の内容を説明することではなく，聞き手である子どもたちに本の面白さを伝えることである。最終的には，

子どもたちが「紹介された本を読みたい」と思わせることが目的であるため，紹介した本がすぐに読める環境が準備されていることが前提となる。読み聞かせはストーリーそのものを子どもたちに伝えるが，ブックトークは本への興味を引き出すことを目的とする。まだ自分で本を読めない幼児期の子どもたちに対してもこうした取り組みを行うことで，子どもが受動的な聞き手となるだけではなく，自らの興味に従って本を選ぶという読み聞かせの主体となることができる。

4. 子どもが物語と触れ合うための教材

　子どもにさまざまな物語と触れ合うために，大人ができるもっとも簡易な方法は素話であろう。子どもたちに口頭だけでストーリーを語るこの手法は，いつでもどこでも行えるものであるが，子どもの興味を引きつけそれを持続するためのスキルを要するものでもある。子どもたちの興味を物語の世界に引きつけるために，私たちの周りには多くの教材がある。それぞれの特性を理解し，有効に活用し，子どもが物語と触れ合う機会を提供することが重要である。本節では，そうした教材についてみていく。

(1) 絵　本

　読書への入口として，最も代表的なものはやはり絵本である。絵と文章の組み合わせで物語を子どもたちの前に展開する絵本が，多くの場合子どもが人生で最初に出会う本であるために，その後の読書生活にとって重要な意味をもつ。絵本によっては，絵や写真のみで構成されているものもあるが，そのような場合でも，絵や写真を通してひとつのストーリーが物語れるようになっているものを絵本という。

　子どもが触れる絵本を初期段階で選ぶのは大人であるが，その際には子どもの発達や興味にあわせて選ぶようにしたい。結末が悲しいものや，残酷な描写があるものを避けるべきだと考える人が多いが，選ぶのが子ども自身でないた

め，絵本を選ぶ人が子どもに何を伝えたいのかが選書に反映されることを私たちは自覚しておく必要があるだろう。そのため，大人の聞かせたいという思いを押しつけることのないよう，読み聞かせの前には子どもの興味を物語へと向かせる導入が必要となる場合もある。

　読み聞かせは，同じ空間で読み手と聞き手が同じ物語を共有する。本の見せ方やページのめくり方，声の出し方や大きさなど話し手の動きも含めて，子どもたちは物語に触れている。読み手は環境の一部であることが，絵本の読み聞かせの大きな特徴である。絵本によっては表紙や裏表紙，扉などのも含めてストーリーを形づくっているため，最後までストーリーを読み終えたら，直ぐに絵本を閉じるのではなく裏表紙まで一緒に物語を楽しむとよいだろう。読み聞かせの後に，子どもたちに絵本の感想を求めたり，内容について意見を述べたりすると，読み手と聞き手という立場が明確になり，子どもたちに読み手の気持ちを押し付けることにもなりかねない。絵本の内容や，子どもの反応によっては，ふり返りが重要な場合もあるが，子どもたちの物語のイメージや，読み手と共に物語を楽しんだという空気感を壊さないように意識したいものである。

(2) 紙芝居

　絵本以外で子どもたちに物語を語る教材として，代表的なものは紙芝居がある。幼稚園や図書館に多く所蔵されており，だれでも入手しやすく，家庭でも取り入れやすい媒体である。紙芝居は絵本と同質のものととらえられることが多いが，子どもへの読み聞かせでは絵本とは異なる工夫が必要となる。よくいわれるのが，絵本は「読み聞かせる」ものであり，紙芝居は「演じる」ものである点だ。また，絵本はそこに書かれている絵と文字が一体であり，字も子どもたちに見せながら読むが，紙芝居は絵だけを子どもたちに見せながら読み手は隠れてストーリーを語る。すなわち絵本の読み聞かせは，読み手と聞き手である子どもたちが共にストーリーを楽しむ空間を演出するのに対して，紙芝居は展開されるストーリーに子どもが入り込めるような読み手の工夫が求められるといえる。

第6章　就学前の読書教育

(3) それ以外の教材

　子どもたちに語る手段として，ペープサート，パネルシアターやエプロンシアターなど，保育現場で活用されるいわゆる子ども文化もある。ペープサートとは，紙に棒をつけた人形などを動かして演じる紙人形劇である。人形の裏表で異なる絵が書かれており，演者は人形を動かしたり裏表を返したりしながら表現をしていく。また，パネルシアターは，パネル布をはった舞台に絵などを貼りつけたり外したりしながら，物語を進めていく。ペープサート同様に，裏表で異なる絵を用いたり，ストーリーにあわせて絵を動かしたりしながら展開させる。エプロンシアターは，1979（昭和54）年に中谷真弓が考案したエプロンを舞台に見立てた人形劇である。1枚のエプロンの上で，人形を動かしストーリーを展開する。エプロンについたポケットを活用して，そこから人形の出し入れをすることが多い。いずれも，用意にある程度の手間がかかるものだが，子どもたちの前で物語を動きをもたせて演じることができる点で，子どもの興味をひきつける効果がある。さらに，保育者のアレンジや創作に対応しやすく，子どもたちと一緒に物語をつくるという楽しみもできる。

(4) 電子絵本

　近年，電子メディアが普及し子どもの環境を変わってきている。電子絵本も登場し，それに接するための機器も容易に入手できるようになったが，幼児教育の現場ではこうしたメディアの導入は積極的に行われているとはいえない。電子メディアに幼児期に触れることに対しては，情操面の発育や身体的，知的発達への影響などを根拠にして抵抗感が強い。しかし，伝統的な保育方法に価値をおく保育者が多い中で，こうした機器への抵抗感は科学的根拠よりも感覚的なものであると感じる。

　しかし，なかには新しいメディアに興味を示す子どもも多くおり，電子絵本の中には，映像や音楽をともなって従来の絵本とは異なる方法で子どもたちに物語を提供する優れた作品もみられる。タッチパネル式の電子書籍などは，子どもたちが実際に触れることで物語が展開するなどの工夫がなされている。も

ちろん，こうした媒体が従来の教材の完全な代わりになることはないだろう。しかし，子どもが興味をもって物語と触れ合うためのひとつの教材として，従来のものとどのようにして組み合わせて活用すべきか，議論がさらに進められるべきだと考えている。

　大人が子どもたちにストーリーを語ることから，子どもたちの読書は始まっていく。先にもあげた幼稚園教育要領に「絵本や物語などに親しみ，興味をもって聞き，想像をする楽しさを味わう」とあるように，周囲の大人が幼児期の子どもたちに提供する絵本や物語との触れあいは，子どもの興味を引き出して，子どもの生活を豊かにするものになるように工夫をしていくべきものである。

5. 聞き手から話し手へ

　子どもたちの読書活動への入口として，絵本の読み聞かせを始めとするさまざまな方法で物語を提供することについて述べてきた。最後に発展的な物語の活用として，聞き手や物語の受け手としての子どもたちが話し手となることの意義について考えていきたい。
　暗記を中心として知識量を重要視した伝統的な学力観からの転換を目指して，1970年代より始まった新たな学力観に関する議論は実際に学習指導要領の改訂などで，現在の教育現場に影響を与えている。別章で詳しく述べられたキー・コンピテンシーに基づく新たな学力観は，学習者が課題をみつけ，その課題に自ら取り組む力を育成するものであり，そのためのコミュニケーション能力や，課題解決能力，道具活用能力を重要視している。こういった新たな学力観の中では，自分自身の考えや解決のプロセス，またはその結果を自らの言葉で物語る力が問われているといえる。幼児期において物語にふれることは，その世界の中で子どもたちが想像する楽しさを味わうだけではなく，子どもたちが自分の想像やイメージする世界を物語る力をつけるきっかけとしても有効である。

第6章　就学前の読書教育

　子どもたちは豊かな想像力で，自分なりの空想の世界をもっている。そんな世界を形づくり，広げていくためのきっかけとして多くの物語と触れる機会は重要な意味をもつ。今後は，子どもたちがその想像や空想や感じたこと，気付いたことなどを，時にはさまざまな方法で表現できるようにサポートしていくことが求められるだろう。

　子どもたちは，自分たちの生活する地域や家庭などの環境を独自の視点で解釈し，理解をしていく。子どもたちが時折語るストーリーは，大人からみれば突拍子もなく時には滑稽ではあるが，そうしたストーリーの中に，子どもたちが自分の属する文化をどう理解しているかが含まれていることもある。言葉である必要はない。子どもが物語を表現する方法は，音や製作，遊びの中で展開される。子どもと関わる私たちは，そうした子どもの表現を推奨し，子どもが自由に自分の世界を表現できるような許容的な環境を提供する必要がある。

　幼稚園での実習を終えたある学生が，その反省として次のような話をしてくれた。この学生は実習期間中，毎日子どもの前で絵本の読み聞かせを行う機会を与えられた。読み聞かせの直後はセオリーどおりに，質問や感想を求めることを避けて次の活動につなげることだけを考えていた。ある日，いつものように読み聞かせを終えてお昼の準備をしていた学生のもとに，何人かの子どもたちがやってきて，今読んだ絵本の続きを話してくれたのだという。主人公の女の子が，絵本のストーリーの後どうしたのか。子どもたちが独自に考え，想像したそのストーリーは奇想天外で大変面白いものだった。実習生が喜んだのが嬉しかったのか，その後もしばしばこのクラスでは，絵本の読み聞かせのあと，子どもたちが続きの物語を作って話に来たり，その日に読んだ物語を土台にしたストーリーで遊びが展開したりしたそうだ。学生は，自分の読んだ絵本が，子どもたちにストーリーを伝えることだけではなく新たなストーリーを生みだす可能性ももつことに気付いて，その後絵本を選ぶとき，実際に子どもたちの前で読むときなどの意識が変わったと話してくれた。

　絵本を始めとするさまざまな教材や機会で，子どもたちに物語を提供することは，その後の読書活動へとつながる大きな力となる。それは，子どもたちが

第 3 部　読書教育の方法

物語を楽しむ経験が，新たな物語を求める意識へとつながるからだろう。その機会が子どもたちに，物語を生みだし，それを表現する力の土台になることで，幼児期の読書の価値はますます重要なものとなるのである。

注
1）国立青少年教育振興機構「子どもの読書活動の実態とその影響・効果に関する調査研究報告書」2013。この調査では，子どもの頃の読書活動が多い人ほど，大人になってからの未来志向や自己肯定，市民性や社会性などで高い傾向を示している。
2）秋田喜代美・黒木秀子編『本を通して絆をつむぐ——児童期の暮らしを創る読書環境』北大路書房，2006，12ページ。
3）ブックスタートの歴史や現在の取り組み状況については「NPO ブックスタート」のHP に詳しい。http://www.bookstart.or.jp/

参考文献
ドミニク・S・ライチェン，ローラ・H・サルガニク著，立田慶裕監訳『キー・コンピテンシー——国際標準の学力をめざして』明石書店，2006
藤本朝巳『子どもに伝えたい昔話と絵本』平凡社，2002
えほんの会編『耳をすまそう　絵本についての100のおはなし』開拓社，2008

第7章

学校がすすめる読書活動

1. 学校における読書活動推進に向けて－国の取り組み

　読書は，成長期の子どもの心を耕す糧である。これまで学校では，熱心な教員を中心に，地道ながらも特色ある読書活動が行われ，子どもたちの豊かな感性や知識の醸成がなされてきた。近年，教員の個々の取り組みによって積み重ねられてきた読書活動が，学校全体の取り組みへと拡充されていく気運がみられる。このような読書活動の推進を後押しする社会的背景とは，何であろうか。

　学校全体で子どもの読書活動が推進されるようになった直接の契機は，2001（平成13）年に議員立法により，「子どもの読書活動の推進に関する法律」が成立，公布・施行されたことである。この法律により，子どもの読書環境を保証する法的整備がなされ，子どもの読書活動の推進計画を策定・公表することが，国や地方公共団体の責務として規定された。このことで，国や地方公共団体が，家庭，地域，学校での読書活動を計画的整備する体制がつくられたのである。

　国にあっては，2002（平成14）年8月に第1次「子どもの読書活動の推進に関する基本的な計画」（以下，「基本計画」とする）が制定され，これを受けて，全都道府県において，「子どもの読書活動推進計画」が策定された。この第1次「基本計画」では，学校図書館法に基づき，2003（平成15）年度以降，12学級以上の学校において司書教諭を配置することとされ，司書教諭の発令が進んだ。このことは，学校教育に学校図書館や読書活動を推進する担当者が位置づ

けられたということである。このような「基本計画」が追い風となり、学校一斉朝読書の実施や、読み聞かせボランティアの増加など、学校を取り巻く環境も変化することになった。

　この「基本計画」は、社会の変化を勘案し、子どもの状況に応じて、およそ5年ごとに改訂される。

　2008（平成20）年3月に策定された第2次「基本計画」では、学校における言語力の育成に資する読書活動の推進と学校図書館の整備がなされた。具体的には、「学校図書館図書整備5か年計画」に基づく、学校図書館図書標準の達成促進のために、単年度200億円、5年間で1,000億円の地方交付税措置が講じられた。また、学校における超高速インターネットの接続が目標とされたが、これについては概ね全国的に達成されたとされる。

　2013（平成25）年5月に出された第3次「基本計画」では、2008年度及び2009（平成21）年度に公示された学習指導要領に基づき、言語に関する能力の育成に必要な読書活動を充実することが新たに謳われている。

　これらの第1次から第3次に至る「基本計画」に関する重点事項の変遷をまとめれば、第1次が司書教諭の発令と全校一斉読書活動の推進、第2次が学校図書館といったハードの整備、第3次が教科と連携した読書活動の充実が挙げられる。このように、読書教育は、学校での体制づくりから、現在、教科学習の一環として、教育内容の中枢に位置づけられるようになってきているのである。

2. 読書活動が注目される背景

　では、読書活動が学校教育において注目されるようになってきたのは、なぜだろうか。

　それは、言語能力が各教科の学習に重要と考えられ、読書と基礎学力との関係に、教育界から関心がもたれるようになってきたからである。

第7章　学校がすすめる読書活動

(1) 国内外の学力調査の読解力への注目

　文部科学省が小学校6年生と中学校3年生を対象に全国で実施する「全国学力・学習状況調査」によれば，「昼休みや放課後，学校が休みの日に，本を読んだり，借りたりするために，学校図書館，学校図書室や地域の図書館に行く」と回答した小学校児童，また，「読書は好き」と回答した小学校児童・中学校生徒は，算数・数学，国語の平均正解率が高い傾向があることが明らかにされている[1]。国語はもとより，算数・数学にあっても文章題では読解力が関わるため，読書と学力の相関が高いのであろう。

　そもそも，3Rs（reading, writing and reckoning）や"読み，書き，そろばん"という言葉があるように，古くから「読むこと」は，基礎学力を意味するものとして考えられてきた。思考力，判断力，表現力，コミュニケーション力，問題解決能力などの基盤として，言語力や読解力が不可欠であることは，おそらく多くの者が否定しないことであろう。

　3年ごとに各国の15歳を対象として，OECD（経済協力開発機構）により行われる国際的な学力調査，PISA調査（生徒の学習到達度調査，Programme for International Students Assessment）では，基礎学力の指標として，数学的リテラシー，科学的リテラシーとともに，読解力が大きな柱として取り上げられている。15歳でPISA調査が行われるのは，義務教育が終了した時点の基礎学力の完成度を測定するためである。

　PISA調査では読解力を，「自らの目標を達成し，自らの知識と可能性を発達させ，効果的に社会に参加するために，書かれたテキストを理解し，利用し，熟考し，これに取り組む能力である」とし，読むことに対するモチベーション，読書に対する興味・関心，読書に対する情緒的，行動的特性からなる能力も含まれると定義する[2]。

　読解力が中心分野となった2009年PISA調査での日本の読解力の結果は8位であり，特別突出したものではない。しかし，生徒に対する質問として，読書への関心を聞いた項目では，「読書は，大好きな趣味のひとつだ」に「あてはまる」（とてもよくあてはまる＋どちらかといえばあてはまる）と回答した者は

42.0％（OECD 平均33.4％），「本屋や図書館に行くのは楽しい」は66.5％（OECD 平均43.1％）で，ともに OECD 平均を上回り[3]，わが国の子どもの読書への関心は先進諸国の中では低いものではない。

(2) インターネット時代の学力形成

このように，国内外の学力調査が読解力を重要視しているのに加え，教育関係者があらためて読書活動に注目するのは，社会におけるテクノロジーの進展とも関係する。

知識基盤社会といわれる現代社会，あるいはインターネットなどで知識や情報が断片的に膨大に提供される情報社会にあっては，その情報量を読み解き，批判的思考をもって情報を選択することが，これからの子どもたちにとって基本的素養として求められる。

その一方で，社会全体を見れば，インターネットを介した情報が氾濫している現状にある。このような情報は，細分化され断片的なものであり，迅速にわたしたちの脳に入ってくる。インターネットを用いることで，思考プロセスは変化し，集中力と思索力は奪われ，長い文章を没頭して読む能力を失うといわれている[4]。このことは，情報を読み解く以前に，子どもたちの学習の質を左右する基本的判断能力に関わることである。そのため，集中して学ぶ力を育成するために，紙媒体の，そしてストーリー性をもつ読書が，逆説的に，より重要になってきている。

つまり，読書を通じて獲得される集中力や思索力というものが，断片化された知識をつなぎ，教科学習の前提となる学習態度や意欲を形成する動因ともいえる。これらの動因が，現在，教育関係者が読書活動に注目する重要な理由のひとつなのである。

3. 学校が行う読書活動

それでは，学校では，実際にどのような読書活動がなされているのだろうか。

第7章　学校がすすめる読書活動

(1) 朝読書の推進

　第一に，ほぼすべてともいえる小・中学校で一斉朝読書が進められている。

　たとえば，小学校での朝読書の実施状況は，小学校で98.2％，中学校で91.9％であり，うち，小学校では19.0％，中学校では，63.8％の学校が基本的に毎日朝読書を行っている[5]。このような朝読書により，子どもたちが一定時間，一定数の本をよむことになり，子どもの読書量の増加につながっているといえる[6]。

(2) 教科や教科外における読書の活用

　第二に，学習に読書を取り入れる動きがみられる。

　2008年及び2009年公示の学習指導要領では，「各教科等の指導に当たっては，児童（生徒）の思考力，判断力，表現力等をはぐくむ観点から，基礎的・基本的な知識及び技能の活用を図る学習活動を重視するとともに，言語に対する関心や理解を深め，言語に関する能力の育成を図る上で必要な言語環境を整え，生徒の言語活動を充実すること」としている。具体的には，各教科等の学習を通じ，記録，説明，批評，論述，討論等の言語活動を充実することを掲げ，発達段階に応じた体系的な読書指導を行うこととされている。

　また，学習指導要領（総則）によれば，指導計画の作成等に当たって配慮すべき事項として，「学校図書館を計画的に利用しその機能の活用を図り，児童（生徒）の主体的，意欲的な学習活動や読書活動を充実すること」が挙がっている。

　つまり，思考力，判断力，表現力などを身に付けさせ，主体的に学習に取り組む態度を養成するために，学校図書館を活用するなどの読書活動が期待されているのである。

4. 学校の読書活動の拠点：学校図書館

　以上のように，学校での読書教育が進められる中で，読書活動の拠点として

第3部　読書教育の方法

クローズアップされてきているのが，学校図書館の存在である。

学校図書館法第3条の規定によれば，「学校には，学校図書館を設けなければならない」とされており，学校図書館は，どの学校にも設置されている。しかし，学校図書館は，意識の上でも実際にも，長らく学校の片隅に置かれ，ひっそりと存在していた。

ヒト，モノ，カネ，情報が経営の四大資源といわれるが，学校図書館が学校経営の俎上に載ることは少なく，これまで，学校図書館には，いずれの資源も十分に投入されてはこなかった。

それでは，現在クローズアップされつつある学校図書館の状況は，どのように変わったのであろうか。経営の四大資源であるこのヒト，モノ，カネ，情報別にみてみよう。

(1) 人的整備

学校図書館に関わる「ヒト」として挙がるのは，司書教諭，学校図書館担当職員（以下，学校司書），である。

司書教諭は，教諭として採用された者で，学校内の業務として学校図書館の運営に中心的な役割を担う者である。司書教諭の資格は，所定の機関で行われる司書教諭講習を受講することで取得できる。司書教諭は，学校図書館法第5条で規定され，12学級以上の学校には必ず置くものとされ，12学級以上の学校ではほぼ全校で配置されている[7]。

他方，学校司書は，2014（平成26）年6月に「学校図書館法の一部を改正する法律」の成立によって，「学校図書館の職務に従事する職員」として規定された。しかし，学校司書は必置ではなく，また，配置されている場合であっても，資格や待遇の定めがないため，その採用基準や配置状況は各地方自治体においてさまざまであり，多くは非常勤である。配置時間が週4日以上で，同じ学校司書が学校図書館に配置されている場合，学校内の一貫した体制づくりができるが，自治体によっては一人の学校司書が複数校を掛け持ちする場合もある。

学校図書館を活性化する要は「ヒト」であり，司書教諭の活動できる時間の確

第7章　学校がすすめる読書活動

写真7-1　子どもたちの興味を呼び込む（東京都杉並区天沼小学校）

保と，学校司書が毎日勤務できる体制づくりが，現場から強く求められている[8]。

(2) **物的整備**

　次の「モノ」としての本の充実度であるが，小・中学校の学級規模（学級数）に応じて，学校図書館には，「学校図書館図書標準」と呼ばれる整備の目安となる基準が存在する。たとえば，1学年2学級，全学年12学級の小学校の図書館の目安は，7,960冊である。また中学校で1学年4学級，全学年12学級の中学校の場合は，10,720冊となっている。

　しかし，このような学校図書館標準を達成している学校数は，2009（平成21）年度末現在で，小学校で全体の50.6％，中学校では42.7％であり[9]，多くの地域で十分に整備がされているとはいえない。国は，2012（平成24）年度から「学校図書館図書整備5か年計画」を策定し，学校図書館標準の達成を目標に財政措置を行っている。

　以前よりは手厚い予算化がなされるとはいえ，必ずしも予算が潤沢ではない中で，児童・生徒に望まれる蔵書を提供するには，地域のリソース活用も重要となる。たとえば，公共図書館からの団体貸出し等を活用するというような例である。公共図書館にあっては，教科書で取り上げられている書籍を用意し，

第3部　読書教育の方法

写真7-2　公共図書館で出番を待つ学校貸出用図書（千葉市立中央図書館）

教材として学校活用を意図した準備を行っているところもある。現在，学校関係者と図書館員との個人的なつながりでなされている公共図書館と学校図書館の連携が，実績とともに制度として確立することが求められている。

(3) **財政整備**

　「カネ」と呼ばれる学校図書館の予算であるが，学校図書館の学校司書や人的整備や物的整備のため，国は，地方財政措置と呼ばれる財政措置を行っている。その財源は，地方交付税交付金として，使う内容を特定せずに地方に交付されるため，各市町村で学校図書館の経費として使用する場合は，あらためて予算化がなされなければならない。つまり，学校図書館経費として算定されている国の予算であるが，その使用は地方自治体に任されているため，読書活動に熱心な市町村では学校図書館が充実するが，そうでない場合には，別の経費として用いられる場合もある。このことが，地方自治体によって学校図書館の充実度が異なる結果となっている。

(4) **情報整備**

　学校図書館にコンピュータはあるが，学校図書館の蔵書のデータベース化が

行われているところは少なく、また、蔵書を相互貸借するための各学校間、あるいは公共図書館とのオンライン化や物流システム確立も将来的課題であろう。とはいえ、このことは各地方自治体の厳しい財政状況の中では一気呵成に進むものではなく、国の整備計画が期待されるところである（コラム「学校図書館を支援する――小郡市立図書館の挑戦」参照）。

また、教育委員会による、司書教諭や学校司書対象の研修制度により、情報共有は試みられているが、学校司書の資質・能力や資格の保有状態も地方自治体によって異なる。学校司書の質を保証するため、講習などによる資格の付与なども今後検討されるべきであろう。

以上のように、前述の「基本計画」により、近年、国の施策による学校図書館整備への働きかけや地方自治体の取り組みが進み、学校図書館のもつ意義や可能性があらためて検討されるようになった。学校図書館に学校司書という「ヒト」を配置する取り組みにより、学校図書館に命が吹き込まれ、機能し始めている。まだ十分に整備されているとはいえないものの、学校図書館は、児童生徒の「読書センター」であると同時に「学習・情報センター」であり、教員のサポート、子どもたちの「居場所」、家庭・地域における読書活動の支援といった機能が期待され[10]、取り組みに積極的な学校にあっては学校経営の中核を占めるに至っている。

5. 今後の展望

それでは、このような動きを受けて、学校で読書活動を進める上で、どのような配慮が必要であろうか。

(1) 学校経営における位置づけ

学校の中で、読書活動を進める中心は、司書教諭や学校司書である。しかし、これらの担当者のみに学校内の読書活動が委ねられるのではなく、学校全体で、

読書を通じた学習や読書活動を推進していく体制づくりが重要とされる。そのため，学校長が読書活動を推進するビジョンを，その他の教職員と共有することが必要となる。

司書教諭のほとんどが学級担任をもつ通常の教員であり，また学校司書が必ずしも常勤でない状況では，読書教育の推進がうまくなされるかどうかは，学校長が積極的に読書教育を教育目標に据え，司書教諭や学校司書をいかに支えるかに拠る。学校長が積極的であれば，教職員全体の意識の高揚も図れ，司書教諭や学校司書とそれぞれの教員との連携が円滑になり，学校として一貫した取り組みが期待されるであろう。

写真7-3　学問へ誘う知的な空間（千葉市立稲毛高等学校・付属中学校図書館）

(2) 子ども，教育，地域の「第三の場所」

　米国の社会学者であるオルデンバーグ（Ray Oldenburg）は，家でも職場・学校でもない自分の居場所，自由気ままに利用することができる居心地の良い場所を第三の場所（Third place）と呼び，このような空間が，精神の安定と新たな行動やイノベーションのために必要だとしている[11]。この考えを援用すれば，学校図書館は，教員にとっても，子どもにとっても，家庭，学校の教室以外の居心地の良い第三の場所として存在することが期待される。

　また，学校図書館は，学校のその他の施設よりも容易に地域に開くことが可

能な空間である。施策と連動して，学校支援地域本部を取り込み，子どもへの読み聞かせなどの地域ボランティアの活用，あるいは，子どもの放課後教室として読書活動の実施など，第三の場所として，工夫次第で従来の学校とは異なる柔軟な機能を持ち得るであろう。

(3) 学校で読書教育を行う意義

最後になぜ，学校が読書教育を進めるべきなのか，という問いをあらためて考えてみたい。

文部科学省の「親と子の読書等に関する調査」[12]では，親が「家に本をたくさん置く」，「図書館に連れて行く」などの読書支援を行う場合，子どもは本を読むことが好きになり，読書好きの保護者の子どもは読書好きという傾向が明らかにされている。家庭の蔵書数や親の教育意識が子どもの学業成績に影響を与えることは，かねてから社会学者[13]らによって実証されてきた。逆にいえば，家庭に本がなく，保護者が子どもを図書館に連れて行かない，あるいは，保護者が読書嫌いな場合，その子どもに読書への関心が芽生えることは少ない。そのため，どのような家庭に生まれた子どもであっても，学校教育によって平等に子どもが読書活動に参加できる機会を提供することが，社会的公平であり，公教育で重視されるべき観点である[14]。学校における読書活動，あるいは，学校図書館や公共図書館で自由に本を借りることができれば，子どもは家庭環境に左右されずに読書を楽しみ，読書から学び方を獲得し，読書で世界を広げることができる。つまり，学校での読書教育は，家庭環境のもたらす教育格差を是正する意義をもつ。

福沢諭吉は，その著『学問のすすめ』で，「読書は学問の術なり，学問は事をなすの術なり」といっている。読書は学問の道具である。学校教育，とりわけ，小学校の早い段階でこの道具を身に付けることは，子どもたちにとって武器となり，また，セーフティネットとなる。なぜなら，変化のスピードがより速く，ますます混沌としていくであろう未来の社会にあって，これからの子どもたちは，自ら学習することで，この変化や混沌に対応していかなければなら

第3部　読書教育の方法

📖 コラム：学校図書館を支援する——小郡市立図書館の挑戦

　文部科学省の事業指定などを受けながら，全国に先駆けて公共図書館と学校図書館の連携・協力システムを構築した福岡県小郡市立図書館を紹介しよう。教育委員会，公共図書館，そして学校図書館を週2回，本と情報が巡回する。

1．公共図書館と学校図書館の蔵書一括管理

　2000（平成12）年度文部科学省学校図書館資源共有型モデル地域事業により，小学校8校，中学校5校，県立高校2校，私立専門学校1校の蔵書を教育センターのサーバーで一括管理するよう

になった。2010（平成22）年度からは市立図書館と学校図書館の電算システムを一体化し，市立図書館にサーバーを設置している。

2．図書流通メール便の巡回

　毎週2回，シルバー人材センターに委託し，学校，市立図書館，教育部（教育委員会）教務課を巡回するメール便を運行している。このメール便により，市立図書館と学校，学校間同士で図書（2011年度10,411冊）が流通している。

3．学校図書館支援センターの設置

　2006（平成18）-08（平成20）年度文部科学省「学校図書館支援センター推進事業」，2009（平成21）年度「学校図書館活性化推進総合事業」の指定を受け，その一環として，メール便の運行や物流の拠点である市立図書館内に学校図書館支援センターを設置した。教育部（教育委員会）教務課の指導主事の下，学校司書を7年間経験した司書を支援スタッフとして配置し，学校司書の技術面を含む指導を行っている。

資料出所：小郡市立図書館『おごおりのとしょかん　25周年記念版』（2013年3月，22-24ページ）から内容を抜粋し筆者が編集した。

第7章　学校がすすめる読書活動

ないからである。このことを振り返って考えれば，学校での読書活動は，子どもたちの未来への保障であり，学校関係者の見識ある，誠実な教育の取り組みのひとつといえるのではないだろうか。

注
1) 文部科学省・国立教育政策研究所『平成26年度全国学力・学習状況調査』59-61ページ。
2) 国立教育政策研究所編『生きるための知識と技能』(2009年調査国際結果報告)，14-17ページ。
3) 前掲書，100-101ページ。
4) ニコラス・G・カー著，篠儀直子訳『ネット・バカ―インターネットがわたしたちの脳にしていること』青土社，2010，18-19ページ。
5) 文部科学省・国立教育政策研究所，前掲書，76ページ。
6) 第二次計画である「子どもの読書活動の推進に関する基本的な計画」(平成20年3月11日)では，第一次計画の取り組み・成果として，全校一斉の読書活動を行う学校が増加した(平成14年度：74.3%，平成18年度：84.2%)。また，読み聞かせや「ブックトーク」を行う学校も増加した(平成16年度：46.8%，平成18年度：52.2%)ことを取り上げている。
7) 文部科学省，平成24年度「学校図書館の現状に関する調査」によれば，12学級以上の学校での発令状況は，平成24年5月現在，小・中学校ではそれぞれ99.6%，98.4%であり前回とほぼ同値，高等学校では95.9%である。
8) 渡辺暢恵「連携を活かす柏市の学校図書館」『学校図書館』2011年8月号，60ページ。
9) 平成16年度文部科学省委託事業「図書館の情報拠点化に関する調査研究」平成17年3月実施。
10) 子どもの読書サポーターズ会議「これからの学校図書館の活用の在り方等について」(報告) 平成21年3月。
11) Ray Oldenburg, *The great good place: cafés, coffee shops, bookstores, bars, hair salons, and other hangouts at the heart of a community,* Marlowe, 1999.
12) 文部科学省，平成22年度「学校図書館の現状に関する調査」。
13) ブルデュー・P. & パスロン・J.著，宮島喬訳『再生産』藤原書店，1991。
14) 岩崎久美子「子どもの読書量は本当に減っているのか」『社会教育』2012年11月号(797号)，一般財団法人日本青年館，11ページ。

第8章

教科で行う読書教育

1. 小学校学習指導要領における読書教育

　学校図書館には読書センターと情報センターとしての役割があるので，読書教育にも「豊かな感性や情操を育むための読書」，「調べ学習のための読書」の2つの面があるといえよう。本節では，教科等における読書教育の進め方について，この2つの面から小学校に絞って述べる。

　平成20年3月に告示された小学校学習指導要領の中に，「各教科等における言語活動の充実」について，次のように述べられている。
　「<u>各教科等の指導に当たっては，児童の思考力，判断力，表現力等をはぐくむ観点から，基礎的・基本的な知識及び技能の活用を図る学習活動を重視するとともに，言語に対する関心や理解を深め，言語に関する能力の育成を図る上で必要な言語環境を整え，児童の言語活動を充実すること</u>」[1]（下線部は筆者）
　このように小学校学習指導要領のもとでは，「各教科等における言語活動の充実」が求められている。その中でも，読書教育に関しては「児童の知的活動を増進し，人間形成や情操を養う上で重要であり，児童の望ましい読書習慣の形成を図るため，学校の教育活動全体を通じ，多様な指導の展開を図ることが大切である。このような観点に立って，<u>各教科等において学校図書館を計画的に活用した教育活動の展開に一層努めることが大切である</u>」[2]と述べられてい

第8章　教科で行う読書教育

る。つまり，読書教育においても，言語に関する能力を育成する中核的な教科の国語科のみならず，各教科等における読書教育の充実の重要性が指摘されている。

　小学校の学習指導要領では，学校図書館の利活用については，国語科だけでなく社会科や総合的な学習の時間でも述べられており，特別活動の学級活動でも学校図書館の利用を指導事項として示している。下記に学校図書館の利活用についてどのように述べられているのかを整理する。

＜国語科＞
○第2の各学年の内容の「A話すこと・聞くこと」，「B書くこと」，「C読むこと」及び〔伝統的な言語文化と国語の特質に関する事項〕に示す事項については，相互に密接に関連付けて指導するようにするとともに，それぞれの能力が偏りなく養われるようにすること。その際，学校図書館などを計画的に利用しその機能の活用を図るようにすること。また，児童が情報機器を活用する機会を設けるなどして，指導の効果を高めるよう工夫すること[3]。

＜社会科＞
○学校図書館や公共図書館，コンピュータなどを活用して，資料の収集・活用整理などを行うようにすること[4]。

＜総合的な学習の時間＞
○学校図書館の活用，他の学校との連携，公民館，図書館，博物館等の社会教育施設や社会教育関係団体等の各種団体との連携，地域の教材や学習環境の積極的な活用などの工夫を行うこと[5]。

＜特別活動＞
〔共通事項〕
　(2) 日常の生活や学習への適応及び健康安全
　オ　学校図書館の利用[6]

　上記のことから，国語科を中心にして豊かな感性や情操を育むための読書教

111

第3部　読書教育の方法

育を進めるだけではなく，上にあげた以外の教科等においても，児童が自分の追究する疑問や問題解決を図るために学校図書館を有効に活用することを求められていることが窺える。その実現のためには学校図書館における指導を計画的に行うことが大切であり，国語科や特別活動等においても，学校図書館の仕組みの理解や利用の仕方に関する実践的な活動を行う必要があるといえよう。

2. 国語科における読書教育の具体的実践

　小学校学習指導要領の第2章第1節国語において，読書教育に関して次のように示されている。

　第2の各学年の内容の「C読むこと」に関する指導については，読書意欲を高め，日常生活において読書活動を活発に行うようにするとともに，他の教科における読書の指導や学校図書館における指導との関連を考えて行うこと。学校図書館の利用に際しては，本の題名や種類などに注目したり，索引を利用して検索をしたりするなどにより，必要な本や資料を選ぶことができるように指導すること。なお，児童の読む図書については，人間形成のため幅広く，偏りがないように配慮して選定すること[7]。

　つまり，目的に応じて日常的に読書に親しみ，学校図書館を計画的に利用し，必要な本や文章などを選ぶことができるように指導することが重視されている。それは，小学校学習指導要領の第2章第1節国語において，読書指導に関する指導事項及び指導事項を指導する際の具体的な言語活動の例示に反映されている。ここでは第5学年及び第6学年の指導事項及び言語活動例から読書教育に関係するもの抜粋して取り上げる[8]。

「C読むこと」第5学年及び第6学年（抜粋）
＜効果的な読み方に関する指導事項＞

第8章 教科で行う読書教育

　イ　目的に応じて，本や文章を比べて読むなど効果的な読み方を工夫すること。

＜自分の考えの形成及び交流に関する指導事項＞
　オ　本や文章を読んで考えたことを発表し合い，自分の考えを広げたり深めたりすること。

＜目的に応じた読書に関する指導事項＞
　カ　目的に応じて，複数の本や文章などを選んで比べて読むこと。

＜言語活動例＞

　ア　伝記を読み，自分の生き方について考えること。
　イ　自分の課題を解決するために，意見を述べた文章や解説の文章などを利用すること。
　ウ　編集の仕方や記事の書き方に注意して新聞を読むこと。
　オ　本を読んで推薦の文章を書くこと。

　以下では，言語活動例「オ　本を読んで推薦の文書を書くこと」の実践例を取り上げて紹介する。自分の読んだ本を他者に推薦する文章を書くためには，本の主題や表現などの特徴をどのように捉えるのかが大切であり，そのために，本をしっかりと読み込んで特徴をつかみ，相手に伝わるような構成や表現方法を工夫することが求められるであろう。また，その方法としては，本の帯や，ポップ，リーフレット，ポスターなどが考えられる。

　以下に資料として紹介するのは，筆者が勤務する武庫川女子大学の授業において小学校の言語活動の在り方を学ぶために大学3年生が作成したものである。

(1)　リーフレット

　資料8-1は，6年生の文学教材「海のいのち」（東京書籍6年）を読み取った後，学習のまとめとしてリーフレットに表したものである。本教材のあらすじと主題である少年の成長と自然の荘厳さについて言葉を選んで簡潔にまとめ

ている。さらに，小見出しとイラストを添え，読み手に伝えやすいレイアウトを工夫している。このように，まず，共通の教材文をもとにして，推薦する文章を相手に伝わりやすいリーフレットなどに表すポイントを学級全体で学び合わせることは大切である。それは，その後，児童が自分の興味・関心に応じて，本を選び，自分が他者に推薦したい本を選んで，その推薦の文章を多様な方法で表現することができるようになるからである。

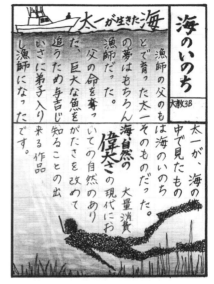

資料8-1　「リーフレット」

(2) **本の帯**

　資料8-2は，上記の文学教材「海のいのち」の作者である立松和平氏の他作品「街のいのち」を比べ読みする教材として取り上げ，読み取った内容をもとに本の魅力をアピールする帯に表現したものである。同じ書き手の作品を比べ読みすることにより，2つの作品の違いを発見するだけでなく，教材「海のいのち」の主題や作者の表現手法もより明確にすることができた。本の帯が完成するまでは「街のいのち」に実際の絵本に付けられている帯はみせずに，完成した後，プロの作成した作品と比較させた。

資料8-2　「本の帯」

第8章 教科で行う読書教育

(3) 読書新聞

資料8-3は，資料8-1のリーフレット作りを学んだ後に，自分が友達に紹介したい本を「はがき新聞」の形式で表現するものである。「はがき新聞」とは葉書サイズの新聞用原稿用紙を利用して作成するもので，短時間で新聞を作成することができる。縦書き3段で，あらすじや自分の感想などの文章を書き，小見出しやイラストを読み手を意識してレイアウトしている。完成した作品は，教室に掲示したり，印刷して学級で配布したりすることにより，学級の児童に，同級生の選んだざまざまなお勧めの本を紹介することができる。また，この新聞を資料として，ブックトークをさせることも可能である。

資料8-3 「読書新聞」

3. 各教科等における読書教育の具体的実践

(1) 理科…観察記録カードの工夫

理科における調べ学習においても，学校図書館を利活用して読書教育と関連させて進めていくことが大切である。資料8-4は小学校4年生における生き物の観察カードである。この学級では国蝶であるオオムラサキを冬越し幼虫から飼育し，さなぎを経て羽化するまでの一連の変化を観察した。以前は，観察を通して，わかったことを絵や言葉で表すだけであったが，観察カードの項目に疑問や不思議に思ったことを図書館の本で調べるという項目を加えた。このカードに観察記録を書いた児童は，オオムラサキの幼虫を観察して，幼虫が

「小さい体でどうやって葉に付いているのか」という疑問をもった。そこで，学校図書館のオオムラサキの生態に関する本を探して読み，「幼虫は台座にしている葉のつけねや葉先のあたりに糸をはき，その糸に腹部の足にあるかぎをひっかけています。ですから，風や雨の日でも葉からすべりおちないのです。」と自分の疑問の答えに当たる部分を見つけ，カードに書き出している。このように読書教育の視点からワークシートの項目を工夫することにより，観察を通して出た疑問を自ら図書館を利用して解決しようとする意欲的な態度を育むことができた。

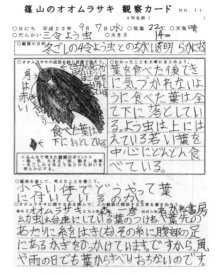

資料8-4 「観察カード」

(2) 始業前の時間…新聞を読む習慣

　上記と同じオオムラサキを観察した学年で，始業前の時間を利用して，週に1回の割合で児童の興味・関心に応じた新聞記事を読むという活動を行った。たとえば，児童が夢中になって観察しているオオムラサキの羽化に関する短い新聞記事を配り，まず，教師が音読してむずかしい言葉に説明を加える。その後，新聞記者の書いた記事の良いと思う記述と自分だったらこのように書くと思う記述に傍線を引かせる。優れた叙述をみつけるだけではなく，批判的に新聞記事を読むという視点を4年生から育てることで高学年の国語の学習につなぐことができる。

　児童は，新聞記事の良いと考えた日時が書かれた箇所を傍線で指摘し，「しっかりと何日の午前や午後を書けていたので，いつ羽化したか分かりまし

た。」とその箇所を選んだ理由を書いている。また、自分ならこのように書くと考えた所として、記事の小見出し「おはようオオムラサキ」を挙げ、自分ならば記事の小見出しとして「成虫になったよ オオムラサキ」と書くとしている。理由として「おはようオオムラサキだったら、たまごから生まれてきたんだと思ったからです。」と書いている。つまり、さなぎから羽化する場合は変身したのであって、オオムラサキは眠っていないと考えたのであろう。

その後も、オオムラサキに関すること以外に各新聞社の発行する子ども新聞を教室において読ませ、自分が気に入った記事を切り抜き、同様に新聞の良い点、わかりにくい点を理由も添えて書かせる活動を継続して行った。それにより、読書の一環として、毎朝、学校に来ると子ども新聞を読むという習慣がつき、時事的な事柄にも興味をもつようになった。

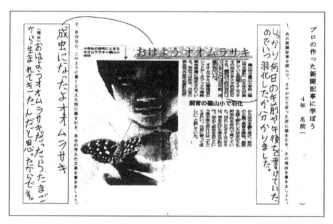

資料8-5 「新聞記事に学ぶワークシート」

(3) 総合的な学習の時間…本を参考にしたパンフレット作り

次に紹介する事例は、総合的な学習の時間に子ども達に人気があるカブトムシを題材として取り上げた3年生のものである。博物館と連携して地域の子ども達にカブトムシの幼虫をプレゼントするという目標を設定した。その際、幼虫と一緒に渡すカブトムシの飼育方法や生態の不思議などをまとめたパンフ

レットを学校図書館のカブトムシに関する本を参考にしてパソコンで作成した（資料8-6）。

　児童は，春に6年生から譲り受けたカブトムシの幼虫の飼育を始めた。児童にとって飼育の仕方を知ることはカブトムシの生死に関わる重要な問題であり，学校図書館を利用したカブトムシの飼育の学習は必然性をもった。さらに，パンフレットを作成させる際にも，学校図書館の本の文章構成や写真のレイアウトの方法を参考にさせた。パンフレットの内容は読み手を意識して飼育の実体験から得た情報を中心に書かせ，使用した写真も児童がデジタルカメラで撮った写真を利用させた。

　パンフレットは1ページをひとつの班に担当させ，「成虫の飼育の仕方」「幼虫の飼育の仕方」「さなぎの観察の仕方」「幼虫の体の不思議」などの章立てをして，班で分担して作成させることにより，効率的に1冊のパンフレットが仕上がった。ワープロソフトの入力で困らないように春から計画的に練習をさせておいた。

　総合的な学習の時間において，学校図書館を活用しながら飼育活動を行い，また，本の小見出しやレイアウトを学びながら，学んだことをパンフレットにまとめる活動は学校図書館を活用する意義を児童に感じさせる学習となった。

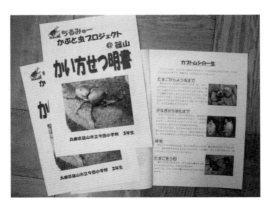

資料8-6　「カブトムシのパンフレット」

第8章　教科で行う読書教育

注

1）文部科学省『小学校学習指導要領』2008，4ページ。
2）文部科学省『小学校学習指導要領解説　総則編』2008，82ページ。
3）文部科学省，前掲書『小学校学習指導要領』，15ページ。
4）同上書，29ページ。
5）同上書，99ページ。
6）同上書，102ページ。
7）同上書，15-16ページ。
8）同上書，13-14ページ。

第9章

小学校の読書
―― 物語を楽しみ，言葉を育む

1. 子どもの読書の意義と読書指導

　子どものことばの獲得は，基本的には家族・地域の人びと・友人・先生等周囲の沢山の人たちとのコミュニケーションの中で行われている。もうひとつの極めて重要な方法が読書である。幼い子どもは母親が読み聞かせる絵本の中から沢山の言葉を獲得する。自分で読めるようになると，読書の体験から間接的に多様な世界に入り込み，豊かな人物と出会い，未知の世界を楽しみ，共感や感動を覚えながらことばの力を獲得していくのである。

　読書により，言葉を学び，感性を磨き，思考力を育み，確かな知識や判断力が身につくようになる。読書により，文章の価値や論理を学ぶ力がつき，表現力を高め，創造力を豊かなものにし，個々に自己が形成される。読書によって得たものは，生活のさまざまな場面で生きて働くようになり，人生をより深く生きる力を身につけていく。

　しかし，そうした読書活動が強制的に行われることには危険がともなう。読書の自律性や主体性を損なえば，読みの楽しみや学びの楽しみを身につけることが難しくなるからである。読書は，教員から教えられ，知識を得る一方的な学習ではなく，児童自身が学び取っていく自発的で主体的な学習なのである[1]。

　一方，読書指導とは，図書資料を中心とした媒体を通して，事物・事象の認識を深めながら，人間形成を図ることを，意図的・計画的・継続的に支援する

働きである。読書指導は，単に読み物としての文学作品を読み，本に親しませるばかりではなく，自然科学や社会科学などに関する知識・情報としての本・新聞・雑誌などを読んだり，何かを調べるために読んだりするという探究的な学習を視野に入れた読書活動を指導することでもある[2]。

　ただし，家庭における児童を取り巻く読書環境には大きな差があることを考えれば，学校教育における読書指導の課題は，まず第1に，読書離れの進んでいる現代の児童の生活の中に，読書をどう取り入れ，習慣化させ，自律的な活動に導くかという点にある。読書の主体性や自律性の形成である。第2に，漫画や雑誌，軽い読み物中心の軽読書傾向，つまり読書の幅の狭さと内容の貧しさがみられる児童の読書状況に対し，積極的に優れた本を紹介し，発達段階に応じてより高度な読書活動へどう導いていくかという点にある。読書の深化と拡大や高度化である。第3に，学校教育における読書指導においては，言語活動の充実という目標がさらに重要となってくる。小学校のカリキュラムでは，「読む」ことだけではなく，「書く」こと，「話す・聞く」ことと同時に，「伝統的な言語文化」に親しみ，豊かな言語文化への態度を身につけることが重視されているからである。書くことや話すことといった表現力が高まれば，読書という読む行為の力もいっそう高まる。こうした多様な能力の育成という視点から読書を指導することは，各教科の基礎となる言語の力そのものの向上にもつながる。

2. 小学校段階の読書指導

　小学校においては，児童が自ら読書に親しみ，読書の習慣を身につけるようにすることが大切である。そのためには児童の発達に応じて，読書の楽しさを知り，読書スキルの基礎を培い，その体験を広げて，読書の力の向上を図っていくことが重要である。児童が知りたい，学びたいと思った時に，興味や関心をもって感動する本に出会い，心身の発達や実際の生活体験に応じて読書活動を続け，向上していく工夫がいる。たとえば，渡辺暢恵は小学校第1学年から

第6学年までの読書の力の発達を,次のように示している[3]。
- **第1学年**:読み聞かせをしてもらい,本の楽しさを知り,自分で読み始める。図鑑が好きだが,写真や絵を中心にみている。
- **第2学年**:少し長い物語が読める。図鑑に関心を持って説明の文章をよく読んでいる。
- **第3学年**:怪談シリーズなどの面白い本のシリーズを進んで読む。
- **第4学年**:文字が小さいシリーズが読めるようになる。本をよく読む,読まないがはっきりしてくる時期である。
- **第5学年**:内容のある物語,伝記,ミステリーを読む。小学生向き文庫サイズの本を読む。(伝記は筆者が付け加えた)
- **第6学年**:こころの問題を扱った本が読めるようになる。歴史,名作,話題になった本を読む

　この読書の体験をどのように学校の各教科や特別活動の学習,そして学校行事と結びつけるかが,指導では重要となる。そこで,各教科の指導,とりわけ,基本となる国語教育との関連をみておくことにしたい。小学校国語の学習指導要領では,読書教育の目標と内容や方法がどのようにまとめられているだろうか。

(1) 学習指導要領における言語活動の充実と読書活動の推進

　2011 (平成23) 年度より小学校から順次実施されてきている学習指導要領の充実すべき事項のひとつとして,各教科における言語活動の充実があげられている。言語活動の充実の方法として読書活動の推進は次のように述べられている。

　「各教科の指導に当たっては,児童の思考力,判断力,表現力等をはぐくむ観点から,基礎的・基本的な知識及び技能の活用を図る学習活動を重視するとともに,言語に対する関心や理解を深め,言語に関する能力の育成を図る上で必要な言語活動を整え,児童の言語活動を充実すること。学校図書館を計画的に利用しその機能の活用を図り,児童の主体的,意欲的な学習活動や読書活動

第9章　小学校の読書

を充実すること」(学習指導要領総則，第4，指導計画の作成等に当たって配慮すべき事項)。

(2) 各学年ごとの読書目標と内容，指導法

　小学校における読むことの学年ごとの目標や内容，指導法は次のようなものとなっている(小学校学習指導要領，第2章第1節国語)。

・**小学校低学年**（第1学年及び第2学年）

　目標：書かれている事柄の順序や場面の様子などに気付いたり，想像を広げたりしながら読む能力を身に付けさせるとともに，楽しんで読書しようとする態度を育てることである。

　内容：読むことの能力を育てるためには，「語のまとまりや言葉の響きなどに気を付けて音読すること，時間的な順序や事柄の順序などを考えながら内容の大体を読むこと，場面の様子について登場人物の行動を中心に想像を広げながら読むこと，文章の中の大事な言葉や文を書きぬくこと，文章の内容と自分の経験を結びつけて自分の思いや考えをまとめ発表し合うこと，楽しんだり知識を得たりするために本や文章を選んで読むこと」が大切である。

　指導法：言語活動を通した指導の方法としては，本や文章を楽しんだり想像を広げたりしながら読むこと，物語の読み聞かせを聞いたり物語を演じたりすること，事物の仕組みなどについて書いた本や文章を読むこと，物語や科学的なことについて書いた本や文章を読んで感想を書くこと，読んだ本について好きなところを紹介することである。

・**小学校中学年**（第3学年及び第4学年）

　目標：目的に応じ，内容の中心をとらえたり段階相互の関係を考えたりしながら読む能力を身に付けさせるとともに，幅広く読書しようとする態度を育てることである。

　内容：読むことの能力を育てるためには，「内容の中心や場面の様子が良く分かるように音読すること，目的に応じて中心となる語や文をとらえて段階相互の関係や事実と意見との関係を考え文章を読むこと，場面の移り変わりに注

意しながら登場人物の性格や気持ちの変化情景などについて叙述を基に想像して読むこと，目的や必要に応じて文章の要点や細かい点に注意しながら読み，文章などを引用したり要約したりすること，文章を読んで考えたことを発表し合い一人ひとりの感じ方に違いのあることに気付くこと，目的に応じて色々な本や文章を選んで読むこと」が望まれる。

　指導法：言語活動を通した指導の方法としては，物語や詩を読み，感想を述べ合うこと，記録や報告の文章・図鑑・事典などを読んでまとめたものを読み合うこと，紹介したい本を取り上げて説明すること，必要な情報を得るために読んだ内容に関連したほかの本や文章などを読むことである。

・**小学校高学年**（第5学年及び第6学年）

　目標：目的に応じ，内容や要旨をとらえながら読む能力を身に付けさせるとともに，読書を通して考えを広げたり深めたりしようとする態度を育てることである。

　内容：読むことの能力を育てるためには，「自分の思いや考えが伝わるように音読や朗読をすること，目的に応じて本や文章を比べて読むなど効果的な読み方を工夫すること，目的に応じて文章の内容を的確に押さえて要旨をとらえたり事実と感想・意見などとの関係を押さえ自分の考えを明確にしながら読んだりすること，登場人物の相互関係や心情・場面についての描写をとらえ優れた叙述について自分の考えをまとめること，本や文章を読んで考えたことを発表し合い自分の考えを広げたり深めたりすること，目的に応じて複数の本や文章などを選んで比べて読むこと」である。

　指導法：言語活動を通した指導の方法としては，伝記を読み，自分の生き方について考えること，自分の課題を解決するために意見を述べた文章や解説の文章などを利用すること，編集の仕方や記事の書き方に注意して新聞を読むこと，本を読んで推薦の文章を書くことである。

　以上のように学習指導要領では音読，朗読，比べ読みなど，具体的な指導方法が書かれており，まずは，言語活動の充実をねらいとしている。その指導の

ためにも，読書が楽しい体験であることを知り，児童と読書を結びつける工夫がいる。特にその際に，読書の楽しさを知るためにも，読書を個人的な活動と捉えるのではなく，児童同士の交流を図る機会を提供する集団的な指導法も重要となる。たとえば，学校の集団活動として，「読み聞かせ」「ブックトーク」「ストーリーテリング」「パネルシアター」「群読」などの集団交流ができる読書法を，教員が司書教諭や学校司書と練ることが期待される。読書を学校の「集団文化」として育て，児童同士の交流の中で読書に親しむプログラムや環境を豊かにしていきたい。

3. 読書指導の計画

　学校における読書教育を進めるうえでは，まず学校の教育計画の中で，各教科や特別活動の年間指導計画に，読書指導を位置づけることが重要となる。読書指導は，学年系統に沿った読書指導の内容体系を視野に入れた年間計画を基に実施し，その計画の中心で司書教諭と学校司書が活動できるようにする。司書教諭と学校司書は，学校図書館の利活用を進めるために「本を読みましょう」と呼びかけるだけでなく，学校の実情や読書環境，児童の興味関心を考え，教科担任，学年主任，各学級担任との連携を密にしてその学校の実態に合った読書指導計画を立てるようにする。他校の指導計画や研究書の計画例を参考にしながら，各学校の環境に応じた計画の目標や方法を考えていきたい。

　司書教諭は，学校司書とともに教育課程の展開に寄与する支援や働きかけを行い，年間指導計画に沿いながら，担任の各単元の指導案作成から実際の指導までを支援する。学校図書館の資料や情報を基に，学校図書館利活用教育を計画に組み入れる。また，学年系統における読書指導の内容体系表を元に読書を取り入れた指導法を授業に組み入れることを提案して，指導案の作成や教材の準備・作成を支援する。各教員への個人的支援に加えて，全校的な教育活動の中に読書を位置づけた読書指導計画を立てる。司書教諭が学校司書と協力して基本的な読書指導計画を立て，職員会議等を通じて全教職員との共通理解を深

め，各学年，各教科との調整を図る。「読書指導の内容体系表」を元に読書指導計画を立て，学校運営計画の中に読書指導を明確に位置づけ組織的に進めるのである。

(1) 読書指導の内容体系を考える

　読書指導は国語科を基礎とすることが多いが，特定の教科に限定せずそれぞれの教科などを関わることで，よりその効力が発揮される。したがって，読書指導は，教科などを読書と有機的に関連づけ，その目標の具現化を図る。そのためには，年間や学期を見通し，学年や学級に即しながら，学校教育全体の中に意図的，計画的，継続的に取り組める読書指導計画が必要となる。その計画によって，いつ，どこで，誰が，どのような内容を，どのような方法で指導するのか，が明らかにできる。

　たとえば，読書指導計画の例として，横浜市教育委員会では『学校図書館教育指導計画作成の手引き：子どもたちの学びを豊かにする学校図書館』（2012

表9-1　横浜市の学校図書館教育指導計画の例

A　習慣形成
〔目標〕 色々な本や文章に触れる機会を設け，本や読書に対して日常的に親しみ，興味・関心を持ち続けようとすること。
〔内容〕 ①読書の習慣化　②読書の領域の拡大　③読書の量の拡大
B　読書力の育成
〔目標〕 目的や意図に応じて，必要な本や文章を選んだり，言葉や文章を的確に読み取り，内容を捉え，人物の心情を考えるとともに，文章表現の特徴を捉えたりする。
〔内容〕 ①選書（目的や意図に応じた本を選ぶ）　②文章表現の特徴を読む　③効果的な読み方　④解釈・感想・意見（1．語句・文の把握と理解，2．内容の把握と理解，3．要旨・主題の把握と理解，4．感想・意見を述べる）
C　心情形成
〔目標〕 ものの見方や考え方を広げたり深めたりしながら，豊かな心情を培い，自分らしく生きようとすること。
〔内容〕 ①自己の変容　②人間性の向上
D　表現
〔目標〕 目的や意図に応じて，読書で得た感動や，ものの見方や考え方，新たに発見した事実や獲得した知識などを伝え合ったり，表現し合ったりすること。
〔内容〕 ①音声で表現　②文字で表現　③絵や立体で表現　④身体及び総合的な表現

第9章　小学校の読書

年）をまとめており，そこでは読書指導の領域を，A 習慣形成，B 読書力の育成，C 心情形成，D 表現の4つに分けて考えている（表9-1）[4]。

　このように，読書指導の目標と内容は多岐にわたる。実際の読書活動では，これらの目標と内容は相互に重なり合うことが多い。そこで，系統だった読書指導を行うためには，学年に沿った指導計画が必要となる。

(2) **読書の指導計画を立てる**
　読書指導の内容体系表を基に，以下のような手順の読書指導計画を立ててみよう。
① 　読書指導の目標をはっきりさせる。指導目標はその学校の教育目標と関連付けて考える。
② 　読書指導の内容を発達段階に合わせてきちんと押さえる。低学年，中学年，高学年ごとに何を指導するのか，どのように指導するのかを明確にする。指導内容を発達段階に即して設定することにより，各学年で何を指導するのかが明らかになっていく。さらに，指導内容にふさわしい資料を選び，リストにすることも肝要である。
③ 　指導の場面や指導者と支援者を明確にし，それぞれの役割分担を明らかにする。教科での指導などでどの場面で誰が指導するのかについての共通理解をもつことで学校全体のものとなり，日常の教育活動としての定着を図る。
④ 　学校図書館の機能と場を読書指導計画に位置づける。学校図書館を校内の「読書センター」「学習センター」「情報センター」として位置づけることで一層の効果が期待できる。その場合には，読書指導計画の中に，学校図書館の利活用を図る指導計画を組み入れることとなる。
　この基本的な学校全体の指導計画を前提にしながら，各学年，教科毎の年間指導計画へと，読書の指導を組み入れていくのである。たとえば，小学校3年生の国語に，読書指導を取り入れた例として，表9-2のような計画を教科担当の教員とともに作成していくことができる[5]。
　この指導の実践にあたって重要なポイントは，教員自身が読書に親しむこと

第3部　読書教育の方法

表9-2　学校図書館支援表：小学校3年生国語科での活用例

小学校3年生					
単元及び教材		活用法			
		本の紹介	利用教育	関連してできる授業	ブックトーク
上	1（本にしたしもう）「すいせんのラッパ」	工藤直子の本	国語辞典の使い方	読書記録・感想カード	春
	2（だんらくに気をつけて読もう）自然のかくし絵		国語辞典の使い方・図鑑の使い方	昆虫調べ	
	3（物語のあらすじをとらえよう）「ゆうすげ村の小さな旅館」	茂市久美子の本	漢字辞典の使い方		不思議なお話
	4（書く人のくふうを考えよう）「ほけんだより」を読みくらべよう。慣用句を使ってみよう。	3年生の本棚		慣用句探し	
	詩を読もう。話したいな、夏休みの出来事。案内の手紙を書こう。ローマ字	詩の本・言葉遊びの本・ローマ字絵本			
	じゅげむ。手紙を書こう。聞いてみよう。	おもしろいお話			
下	1（人物の気持ちを考えながら読もう）「サーカスのライオン」	川村たかしの本			サーカス・動物
	2（はたらく犬について調べよう）もうどう犬の訓練			はたらく犬調べ	
	3（調べたことを整理して書こう）研究レポートを書こう。俳句に親しもう。			研究レポートを書こう	
	4（世界の民話を読もう）「木かげにごろり」	世界の民話		俳句・季語のアニマシオン	
	5（調べたことを整理して発表しよう）わたしたちの町の行事をしょうかいしよう		漢字辞典の使用法	地域の行事調べ	
	6（世界の家のつくりについて考えよう）人をつつむ形―世界の家めぐり			世界の家、日本の家調べ	
	7（場面の様子を思いうかべながら声に出して読もう）「手ぶくろを買いに」	新見南吉の本			冬、きつね
	目次やさくいんを使おう。インタビューをしよう。		図鑑の使い方		

出所）内川育子「いつでも司書がいる"ふだん使い"の学校図書館」学校図書館問題研究会『学校司書ってこんな仕事』22ページより加工。

第9章 小学校の読書

である。学級担任自体が優れた学習者として児童のモデルとなること，自分がおもしろいと思う本で子どもたちにも役立つだろうという本を薦めることは，子ども達が本を読むきっかけとして非常に重要である。児童がどんな本を読んでいるか，また個々の児童がどんな分野を好きなのかなど児童の読書の実態を知らなくては，強制，押しつけになり，読書離れの原因となる。児童と本について教員自身が関心をもち，「あの子にはこの本を」「この子にはこの本を」と常に考える習慣や姿勢が大切である。読書の習慣を児童に育てるためには，まずは教員自身が読書を楽しみ，感動する習慣をもつことから始めたい。

(3) 読書の環境づくり

　読書指導を充実する必要条件は，学校図書館の整備を含めた施設や費用，そして人材であることはいうまでもない。特に学校の読書環境整備の要となり，読書活動の中心となるのが学校図書館である。学校図書館の「読書センター」「学習センター」「情報センター」としての機能を充実し，児童にとっても教員にとっても魅力のある場所にする。学校全体でも学級文庫の充実を図ったり，校内の各所に読書コーナーを設置したりするなど，児童の身近にいつでも本があるような環境づくりが求められる。

　読書環境の整備の第1の条件は，資料の充実である。学校図書館の資料の充実はいうまでもない。同時に，いっそう身近な学級文庫の整備が重要となる。学校図書館で廃棄された本を回したり，貧弱な内容にせず，身近に利用できる「学校図書館の先端の場」として学級文庫を捉えたい。頻繁に学習に用いる資料の整備とともに，新しい本の動向がわかる新鮮な設備として活用したい。

　読書環境の整備の第2は，「司書教諭」「学校司書」という人材である。学級担任の行う読書指導を司書教諭や学校司書が支援できる環境には大きな意味がある。児童が学習の進捗状況に応じて，どのような資料を利用し，その学習を読書を通じて拡げていくか。学級担任と協力しながら行う読書指導は，児童にとっても学習を発展させる重要な足場となる。

　司書教諭や学校司書は担任と協力してプランを作成するだけでなく，できる

限り実際の指導の場でも担任と授業を協同で行うようにしたい。さらに，休み時間などの授業時間外において，図書館での読書指導を実施し，児童に読書活動の支援や働きかけを行う機会を増やすことがのぞまれる。

　この点では，司書教諭だけでなく，学校司書が正規に配置され，その専門性が保証され，専任として継続して働ける環境にあるかどうかは，学校全体の読書活動の発展や学習にとって重要な分かれ目となる。読書環境だけではなく，学校の学習環境の整備にとっても，司書資格をもった学校司書が専任となり，継続的に働けることが重要なのである。学校図書館法の改正（2014）により，学校司書の法制化が成立した，条文では配置が「努力義務」となっており，必置とはならなかったが，今後全国でいっそうの配置が進んでいくことが期待される。学校司書の配置により学校図書館が魅力的な場となれば，児童を読書と結びつけ，児童の読む自由，知る自由を保障し，教員の授業と児童の学習を支援し，学校全体の交流と社会との交流のいっそうの活性化が進むことにつながる。

4. 読書指導の方法

(1) 導入的な読書指導――読書の楽しさを知る

　本を読まない児童や生徒にその理由を聞くと，「特に本を読みたいと思わない」「何を読んだらよいか分からない」「本を読む時間が無い」などの答えが返ってくる。本を読まない児童は何の働きかけもしないと本を手にすることはなく，学校図書館に進んでやってこようともしない。そのような児童に本を読む楽しさを知らせ読書を習慣化させるのはとても大変なことである。

　このような児童には，読書のきっかけを与え，その楽しさを伝えることが第一である。何らかの働きかけがなければ決して本を手にすることがない児童に本への興味をもたせ，本を読む楽しさを実感させ，読書の習慣化を図る読書指導が必要である。たとえば，読書の記録を書かせ読書量を競わせる「読書競争」がある。このような読書活動は児童の興味を本に向けさせ読書量を増やす点では非常に効果的であるが，読書の質的向上には直接繋がらないだろう。

第9章　小学校の読書

まず，読書に親しむことを目的に，以下のような導入的実践がある。

1）朝の読書

　朝の読書は，みんなでやる（全校一斉で行う），毎日やる（1日10分程度は短いように思われるが，毎日根気よく続ける），好きな本で良い（読む本は子ども自身に選ばせる），ただ読むだけ（読むことが全てであり，それ以外は求めない）の4つの原則をもって実施されることが多い。

　この活動は，日ごろ本に親しむことの少ない児童に短時間であれ読書の時間を確保し，毎日続けることで読書習慣を身につけさせるという点で非常に効果的である。

　一人ひとりが自分が読みたい本を10分程度ただじっと静かに黙読するという読書の仕方のほかに，担任が読み聞かせやブックトークで読書案内したりするのは，朝の読書に変化をもたせ，読書の幅を広げることにつながる。

写真9-1　朝読（中学年）

2）読み聞かせ

　読み聞かせとは，読み手が聞き手に本を読んでやり，児童の読書活動を応援することである。したがって，文字が読めない，また，読めても文章として読み取れない児童でも，読み聞かせによって本を読むことができる（耳からの読書ともいえる）。また，本に興味をもたない，読書に抵抗を感じて自分では本を

手に取ろうとしない場合でも、読み聞かせで出会った作品には興味をもち、それをきっかけに読書へ関心を示すようになった例も多い。

学校では、集団で行われる「読み聞かせ」となる。大勢の児童が一冊の本に同じ場所で同時に出会える点で、集団としての読書指導の効果をもつ。読み手による音声化された文章を耳から受け止め、目から画面の展開を受け取る。その結果、作品世界がより身近なものになり、読書で理解したり、思考したり、想像してイメージを描いたりする活動を活発化させる。そこで生まれる感動は実に豊かなものになる。また、多くの児童が一冊の本を通してひとつの作品の世界を共有することで、聞き手と読み手、聞き手同士の触れ合いや交流が育まれる中で、読書の喜びや楽しみが倍増される。友人たちの笑いやつぶやき、感想や意見の中から自分の考えを意識することができる。みんな一緒だからこその良さや楽しさや喜びが、一人ひとりの読書をさらに育てていくのである。

松井直は、学校での読み聞かせについて次のように述べている。
「保育や学校という集団生活の場で、先生方が日々、子どもたちに本を読んでやる―教えるのではなく、ひとりの大人として語りかける―ことが大切です。友達と一緒に言葉を共有し、喜びを共にする体験は生きる力です。小学生だけでなく、中学生にも教室で本をもっと読んでやってほしいものです。聞く力が教育の土台です」[6]。

写真9-2　読み聞かせ（低学年）

第9章　小学校の読書

3）紙芝居

　紙芝居は日本独特のメディアだが，最近ではアジア諸国やヨーロッパ諸国でも注目され国際的に広がり始めている。

　紙芝居は一連の絵（主に12枚または16枚組）を舞台の枠の中に入れ，演じ手が絵を1枚ずつ「抜く」「差し込む」動きに合わせて聞き手に語りかけていく方法をとる。紙芝居には，作品の構成が作品そのものの中で完結している「物語完結型」と，作品の構成が観客の参加を必要としている「観客参加型」の2つの型がある。児童は演じ手の声を聞き，演じ手の存在そのものを受けとめながら紙芝居を楽しむ。同時に，友達と一緒にハラハラ・ドキドキしながら楽しみ，観客同士の心がつながり，その場がひとつとなり「共感」を体験する。このことを絵本作家のまついのりこは，絵本と紙芝居の違いとして次のように定義している。「絵本はページをめくる時間の中で自分という作品の世界を自分自身のものにしていき，その喜びによって『個』の完成を育むのに対して，紙芝居は観客が共感によって作品の世界を自分自身のものにしていき，その喜びによって『共感』の感性が育まれていくのである」。

4）ブックトーク

　ブックトークとは，あるテーマに沿って数冊の本を選び，ひとつながりの話の中でそれらの本を順序立てて紹介していく方法である。本の紹介と似ているが，ブックトークの方が話の道筋を考え，聞き手をより意識している。

　ブックトークの目的は2つある。ひとつは，語り手の肉声で本の楽しさを伝え，児童に「あの本を読みたい」という気持ちを呼び起こすこと。もうひとつは，教育活動と結びついてさまざまなジャンルの資料を紹介することで，テーマの理解を深めたり，テーマをより発展させたりすることである。

　取り上げる本の冊数，時間に決まりはないが，聞く年齢に合わせることが大切である。小学校の低学年では冊数を多くすると混乱してしまうことがあるので注意が必要である。中学年以上では，紹介する本のジャンルを文学だけでなく，科学読み物，詩，ノンフィクション，写真集などを入れ，やさしいものか

ら難しいものまで幅広く揃えるのが望ましい。そのようにすることで、発達段階に応じた資料を児童に提供することになる。

写真9-3　ブックトーク「ホロコースト」（高学年）

5）ストーリーテリング

　ストーリーテリングには、「語り」「素話（すばなし）」「お話」などの言い方がある。語り手が物語を覚えて、本も何も持たずに、児童を目の前にして語る。読み聞かせが本や絵本を書いてある通りに読んで聞かせるのに対し、ストーリーテリングは語り手が語り手自身の言葉にして語るところにその特徴がある。そのため、同じ物語でも語り手によって違った味わいをもたせることができる。また、映像などの視覚情報に頼ることなく、より直接的に児童と向き合うことができるため、語り手は、児童の反応を見ながら語りを進めていくことができる。ストーリーテリングによって、聞き手の児童は想像力を養い、頭の中でイメージを描きながら、耳から入ってくる物語をゆったりと楽しむことができる。

6）パネルシアター

　パネルシアターとは、フランネルまたはパネル紙を貼ったボードに、不燃布で作った絵や図形を貼ったり、外したりしながらお話をする手法である。真っ白なパネルに小さな絵が置かれて話を聞いたり、演者とともに歌ったりするうち、いつの間にか演じ手と子どもの間に暖かな関係が育っていくところに良さ

第9章 小学校の読書

がある。観客である子どもたちは，単なる受け身ではなく，演じ手との対話もでき，内容によっては能動的に参加しやすいものもある。発音学習，言語表現，言葉遊び等の学習面での利用効果は大きい。しかし，紙芝居や絵本のように文字を読んでめくるという簡単な操作とは異なり，話しながら絵や図形を操作する点で，準備・練習をきちんと行う必要がある。

以上のようなさまざまな読書指導によって，本に興味を持ち始め，読書量が増えてきた児童には，逆に1冊の本をじっくり読む楽しさや喜びをもつ機会も提供したい。

導入的な読書指導法において大切にしたいことは，現在その児童がもっている読書能力に応じ，十分に楽しめる内容の本を手渡すことである。まずは読書好きな子どもを育てることが大切なので，導入段階の指導をしっかりと行いたいものである。

(2) 発展的な読書指導——読書の幅を広げ読みを深める

読書は「たくさん読めばいい」というだけでなく，「何を読むか」「どう読むか」も重要な問題である。そこで行われる指導が，「導入的な読書指導」に続く，「発展的な読書指導」である。この指導で大切な点は，読書の指導を，次第に読者である児童の自主的・自発的な活動に委ねていくことである。「これを読め」「こう読め」といった強制から解き放ち，児童の読む力を引き出し，高めることに目標が置かれる。

「発展的な読書指導」には，以下のような実践がある。

1）読書郵便

自分のすすめる本を葉書に書いて「ゆうび

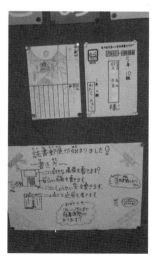

写真9-4　読書郵便の葉書

ん」の形で相手に送るというものである。本を読んで，感動したところを絵や文章ではがきに表現する。「ゆうびん」の宛先にはすすめる本を読んでもらいたい人を選ぶ。人に本をすすめるためには，本をしっかり読んで，自分の思いを確かめ，そのうえ，葉書という決められたサイズに合わせて書かなくてはならない。児童はこの活動で深い読みを体験し，また，相手に本をすすめるという活動を通して，読書の幅を広げ読書を深めることができるのである。

2) 読書へのアニマシオン

　読書へのアニマシオンは，本の内容に関する問を投げかける読書指導法である。これは，スペインのサトル氏の提言「『読め』というだけでは，子どもは本を読むようにはならないのです。当然なすべきことは，子どもが本を読まない原因を探すことです。その原因は，大人たちが読み方を教えても読む力を引き出していないのではないか」がきっかけとなり始まった。日本では2000年代に学校図書館にも広がった。

　この活動には多くの実践方法がある。「これ，誰のもの？」「いつ？　どこで？」などのタイトルをつけ，それらを「ゲーム」「作戦」と称する。ゲームを進める読書指導者を「アニメーター」「アニメドール」と呼び，事前に児童はゲームの対象になる本を読んでくる。該当の本に関する質問をアニメーターが行い，児童は物語を思い起こしながらその質問に答える。物語を思い出しながら物語をもう一度味わうなど物語を緻密に深く読むことになる。アニメーターは，ゲームの単なる進行役ではなく，児童の読書が深められるように，ゲームのねらいや展開をきちんと設定し，そのための周到な準備をして臨まなければならない。

　読書のアニマシオンの取り組みで最も重要な点は，「児童一人ひとりが静かにじっくりと考えることにより，読んだことを自分の中で内面化する」ための活動であり，「創造的な遊び」であるという点である。児童が楽しみながら深く，じっくりと本を読むことができるという点でこの読書活動は多くの可能性を秘めている。また，探求型学習（調べ学習）の際にアニマシオンを実施する

ことで，情報を引き出すという観点からもこの方法の有効性が認められつつある[7]。

3）探求型学習（調べ学習）

　探求型学習（調べ学習）はテーマ（課題）の発見と設定から始まる。テーマの設定は児童の興味・関心によるが，テーマは直ぐにみつからないことが多い。そこで，人の話を聞いたり，資料を見たりして考える必要が出てくる。ここで学校図書館などの資料を活用した読書活動が始まる。その読書の方法は，「調べ読み（比較読み）」「考え読み」である。

　「調べ読み（比較読み）」とは，調べたい事象について参考となるさまざまな種類の資料（図書，雑誌，新聞など）や見方・考え方の違う資料などを比較しながら読むことである。そのためには，何をどのように調べたらよいかの知識と技能が必要となる。この知識・技能を身につけるために，探求型学習（調べ学習）を始める前に資料の種類と資料の使い方等の学び方の指導が必要になる。

　学び方の指導は，全国学校図書館協議会の作成した「情報・メディアを活用する学び方の指導体系表（2004年）」が参考になる。この指導体系表では，学習の発達段階を次のように捉えている。低学年における体験学習を中心とした学習活動から，中学年では課題解決を意識した学習活動へと移り，高学年では自ら課題を立て追究する学習活動へ発展していく。以上のような学習の発達段階に合わせた情報活用能力の指導方法がこの指導体系表に示されている。具体的には以下に示す4つの視点を発達段階に応じて指導することになる。

・学習の目当てをもつ
・情報・メディアの種類や特性を知る
・情報の活用の仕方を学ぶ（情報を集める・記録を取る・必要な情報を選ぶ・情報の利用上の留意点を知る）
・学習結果のまとめ方を学ぶ（学習したことをまとめる・学習したことを発表する・学習の経過と結果を評価する）

「考え読み」とは，何が問題なのか，何ゆえに問題なのか，何をどうしたら

良いのか，何を考えていけばよいのかを資料を読んで考える方法である。その考えを深めたり進めたりするためにも必要な資料を探すことになる。児童は適切な図書資料を読んで考えるほか，読んだ後に児童同士が話し合い，さらに読みを深め，考えを掘り下げていく活動へとつながる。

　このような読書法は，学習経験によって技能が高められる。それゆえにこうした読書法のための学習経験の場をカリキュラムに組み込んでいくことが重要である。

　以上のように，単に本を読むという目的を達成するだけでなく，その過程の中から生じてきた問題や疑問をそのままにしておかないで，児童がそれらの問題や疑問を新たな自分の課題として設定し，取り組めるような教育的支援が大切である。児童の「主体性」は，教員から与えられた問題を解決していくだけでは育たない。児童自身が新しい問題に挑戦していくためには，教員による足場作りがこの学習を意味のあるものに育てていくことになる。

　このように，発展的な読書指導はできるだけ児童個々の問題をその児童の力に応じて支援する必要がある。この段階の指導として，教員は，司書教諭はじめできるだけ多くの同僚や学校司書に相談相手になってもらい，公共図書館や地域の人びとにも協力を仰いだりすることもひとつの方法である。教員はこれらのことをひとりで解決しようとするのではなく，自分の周りの人びとと児童を繋ぐコーディネーターとしての役割を担うようになっていく。そのためにも，日ごろから積極的に学校や地域における人的ネットワークやコミュニケーションを豊かにしておきたい。

(3) **多様な読書指導法の発展**

　前述した読書指導法の他にも，近年いろいろな読書指導の方法が導入されつつある。桑田てるみ氏は，グローバル化や知識基盤社会の到来による社会の変化が進む21世紀は，教育において，批判的思考力，問題解決能力，コミュニケーション力，情報活用能力，などの「21世紀型スキル」の育成が求められており，学校図書館における読書指導の方法（リテラチャーサークル，リーディングワー

第 9 章　小学校の読書

クショップなど）が「21世紀型スキル」の育成に貢献できると指摘している[8]。

　リテラチャー・サークルとは，3～5人の少人数のグループを結成し，1冊の本（literature）について，それぞれが役割に応じて読む範囲を決め，一人で読み，その成果を持ち寄って話し合って読み進めていく読書指導の方法である[9]。リーディング・ワークショップとは，「ミニレッスン」で始め，その後に「読む時間」をとり，最終的にはクラス全体で「共有の時間を持つ」という流れで進める読書指導の方法であり，「読む時間」には「カンファランス」と呼ばれる指導が行われる[10]。

　今までの読書指導は，読書後の感想を述べたり，記録を残すことが重視されていたが，これらの新しい読書指導方法は，読書前・中・後の一貫した読書活動に対する読書指導法となっている。また，現在行われている探究型学習と読書指導とが乖離しているとの指摘があるが，新しい指導法では探究型学習に繋がる戦略的な読書が可能となる[11]。

　こうした多様な読書指導法がどの程度教員や学校で活用されているか，その実態について，みていくこととする。小学校における読書指導の方法に関連し，国立青少年教育振興機構による「子どもの読書活動と人材育成に関する調査研究（2011-2013）」での「教員調査」では，教員による読書指導の実施状況について調べている。同調査では，小学校の低学年，中学年，高学年別に，多様な読書指導法について学校全体で取り組んでいる，個人として取り組んでいる，取り組んでいない，と教員に回答を求めている（表9-3参照）。

　この結果をみると，「読み聞かせやブックトークを行っているかどうか」については，「取り組んでいない」と回答した教員の割合は，約5％で，多くの教員が個人として，あるいは，学校全体で取り組んでいることがわかる。特に，「学校全体で取り組んでいる」と回答した教員の比率は，どの学年でも約85％であり，非常に熱心に取り組まれている。

　「比べ読み，速読，摘読，多読など多様な読み方を指導しているかどうか」については，約70％の教員が取り組んでおり，その内の約50％が「個人として取り組んでいる」と回答している。また，学校全体として取り組んでいる割合

139

第 3 部　読書教育の方法

表 9-3　多様な読書指導法の導入の実態

(単位：%)

		学校全体で取り組んでいる	個人として取り組んでいる	取り組んでいない	計
読み聞かせやブックトークを行っている	小学校（低学年）	85.0	10.9	4.1	100（N=512）
	小学校（中学年）	84.7	9.2	6.1	100（N=510）
	小学校（高学年）	84.9	9.6	5.5	100（N=511）
	小学校　計	84.9	9.9	5.2	100（N=1533）
比べ読み，速読，摘読，多読など多様な読み方を指導している	小学校（低学年）	21.3	44.7	34.0	100（N=512）
	小学校（中学年）	19.2	48.8	32.0	100（N=510）
	小学校（高学年）	23.9	51.1	25.0	100（N=511）
	小学校　計	21.5	48.2	30.3	100（N=1533）
「リテラチャー・サークル」「読書へのアニマシオン」等のどのように本を読めばいいのかを明示した指導法を行っている	小学校（低学年）	9.2	42.4	48.4	100（N=512）
	小学校（中学年）	11.4	42.9	45.7	100（N=510）
	小学校（高学年）	11.2	45.0	43.8	100（N=511）
	小学校　計	10.6	43.4	46.0	100（N=1533）

出所）国立青少年教育振興機構『子どもの読書活動と人材育成に関する研究（2011-2013）』の調査データより筆者が作表

は20％であり，「リテラチャー・サークル，読書へのアニマシオン等のどのように本を読めばよいのかを明示した指導法を行っているかどうか」の約2倍となっている。

　他方，「リテラチャー・サークル，読書へのアニマシオン等のどのように本を読めばよいのかを明示した指導法を行っているかどうか」については，約55％の教員が取り組んでいる。その内の約45％が個人として取り組んでおり，約10％が学校全体で取り組んでいる。このことから，読書指導に積極的な教員は取り組んでいるが，全校的な取り組みはまだ緒に就いたばかりであるといえよう。

第9章　小学校の読書

　「リテラチャー・サークルや読書へのアニマシオン等」の比較的新しい読書指導法は，前述のようなメリットがあるため，学校全体で取り組んでいくことが望ましいと考える。そのためには，教員がこれらの指導法の理論や方法を学ぶ機会として研修機会を提供していくこともひとつの方法と考える。

　研修機会を提供することによって，教員はこれらの多様な読書指導の理論と方法を学び，司書教諭や学校司書と協働して読書指導を推進する際に，それぞれの児童の読書への興味関心の状況や，学年に応じた読書指導をさらに工夫することができるだろう。

　多様な読書指導を進めていくには，学校図書館側の環境もまたその指導方法に影響を及ぼす。次に，そうした学校図書館の環境要因についてみていくことにしよう。

5. 学校図書館の発展に向けて

　学校図書館を利活用する教育を学校全体に広めるためには，共通認識をもつ教員をどのようにして増やしていくか，学校内に学校図書館を活性化する組織をどのように作っていくか，組織的な活動として，学校図書館を発展させていくことが重要だろう。多くの教員が学校図書館を利活用して学習を指導し，児童に読書をすすめるためにも，学校図書館の役割を学校全体として高めていくのである。その役割や組織として，これまでに述べた，教員の授業活動の支援や，学級文庫活動に加えて，以下の活動が学校図書館の発展をさらに豊かなものとしていく。

(1) **図書委員会の活動**

　図書委員会活動は，図書館を通じた児童の教育である。

　図書委員会活動が教育活動である以上，学校の教育計画に基づいた適切な指導が必要となる。委員はクラスの代表であり，図書館とクラスを結ぶ役割を担っている。図書館からの連絡事項をクラスに伝えたり，図書委員会主催の活

動に全校の参加を呼び掛けるなど常に全校規模での活動を考えるようにしたい。
　図書委員は各学級の図書館活動の中心的存在となり，学校図書館とクラスを結ぶ重要な役割を担う。図書委員の活発な活動は学校図書館活動の発展を支えながら，校内の読書推進をねらいとしたさまざまな活動をリードしていく。委員会活動での発表，読書週間での読み聞かせ，おすすめの本のポップ作りなどのリーダー的役割を果たす。また，貸出返却を行うカウンター活動，館内整備活動として，返却された本の配架，書棚の整理整頓，本の予約の受け入れ・案内，来館者人数の確認，図書日誌の記入など，活動の場は多い。図書委員会の活動は，校内における図書館の充実と発展を図る上で大きな意義をもつ。

(2) 広報・展示活動

　広報活動は，学校図書館活動を効果的に展開するうえで，非常に大切な活動であり，読書を推進するうえでも欠くことのできない活動である。何の働きかけもなければ，図書館へやってくることもなく，本を手にすることもない児童や教員に対し，広報活動は，学校図書館の利活用を広く伝えることにその意義がある。学校の実情に合わせ，広報活動を活発に展開したい。読書推進を図る広報活動としては，ブックリストの作成と配布，図書館便りの作成と配布，展示や掲示などがある。

(3) ボランティアの活動

　地域や保護者のボランティアを募って学校図書館に関わる業務を補佐してもらっている学校も多い。ボランティアの業務内容は，司書教諭と学校司書が中心になりつつも，ボランティアと相談しながら決めることが重要である。たとえば，図書の配架の仕方や，貸出し・返却の方法，環境づくり等の日常的な運営のすべてを司書教諭と学校司書，ボランティアで綿密な打ち合わせのうえで行うことが前提である。ボランティアは無償の善意によって奉仕される行為であり，児童にもこの点を十分に知らしめたい。全校の教職員がボランティア活動を理解し，児童に感謝の挨拶をさせたり，指導を徹底することが大切である。

ボランティアは，児童の読書活動を学校外から推進する読書支援者である。読書活動を内外から支援する存在としてその活動の発展を図ることが地域との交流にもつながる。

(4) 行事・集会活動

　行事・集会活動の目的は，広報活動と同様に児童に図書館および各種資料について認識を新たにさせ，活発な利用を促すことにある。学校図書館が機会あるごとに全校の児童に各種の行事・集会を主催し働きかけることで児童を読書に誘うことができる。行事活動には，図書館祭り，読書週間，展示会，読書クイズ，読書郵便，読書感想文等がある。集会活動としては，読み聞かせ，ストーリーテリング，パネルシアター，ブックトークなどがある。各学校に即した楽しい行事・集会を実施したい。

(5) 学校の読書活動を地域とともに
1) 家庭との連携

　学校内における読書推進だけでなく，学校外での児童の生活のさまざまな場面でも読書への働きかけが行われることも非常に大事である。学校図書館の努力や配慮で学校外での読書活動が活性化し，環境整備が進められることは学校図書館の活動にも好影響をもたらす。

　児童の読書活動には，児童が多くの時間を過ごす家庭の役割・影響も大きいものがあり，日ごろから児童の読書に関連したお知らせを家庭に向けてできるだけ頻繁に発信し，家庭における読書の関心を高め，家庭での読書環境整備の大切さを伝え，読み聞かせや親子読書などを家庭でも進めるよう推奨するのも読書活動に大きな効果がある。「家読（うちどく）」，読書に関する講演会の実施など，母親だけでなく，父親とその家庭をまきこんだ読書推進につなげたい。

第3部　読書教育の方法

保護者の皆さまへ　　　　　　　　　　　　　　　　　　　　　　2012年12月

冬休みに親子で本を読んでみませんか

清瀬第三小学校図書館運営支援員　松本美智子

　いよいよ待ちに待った冬休みが始まります。学校の図書室では冬休みに一人2冊ずつ本の貸し出しをしています。お子さんたちは、冬休みに読む本を図書室で一生懸命探して借りています。お子さんが本を読んでいましたら、「何を読んでいるの？」とお声をかけていただけましたら幸いです。

　お休みの間に、お母さん、お父さん、おばあちゃん、おじいちゃん、ご兄弟で1冊の本を読んでみませんか？たまには、おひざに抱っこして読み聞かせをしてあげるのも良いのではないでしょうか。おひざに抱っこされて絵本を読んでもらう時、お子さんは肌の触れ合いを感じながら、本を読んでくれる人の温もりを全身で受け止め、幸せを感じることでしょう。

　素敵な本をお読みになったら、皆さんに紹介してみませんか？

　お子さんと一緒に本の紹介を書いてみませんか？

　3学期になりましたら、図書室の前にポストを置きますので、児童に持たせて下さい。図書室にお持ち下さるのも大歓迎です。出していただいた作品は図書室前に掲示させていただきたいと思っております。

この本をおすすめします

本のなまえ：
作　者：文　　　　　　　　　絵
おすすめのポイント（絵でも言葉でもどちらでもどうぞ）

　　　　年　　　組　　　児童の名前

写真9-5　親子読書おすすめの手紙と提出された親子で書いたおすすめの本

2）公共図書館との連携・協力

　学校図書館サービスは，学校図書館での資料提供が基本となる。教科学習に必要な，そうした情報や資料を子どもたちに適切に提供できる司書教諭や学校司書の常時の存在により，学校図書館としての基本的機能が果たされるのである。

　近年，探求型学習（調べ学習）や総合的学習の時間が重要視されるようになり，授業において社会的課題解決を目標とした学習課題が広がってきている。しかし，限られた範囲の情報や資料では足りず，児童や教員の情報や資料提供への要求が大きくなり，学校図書館資料では対応できない現状が生じている。こうした課題に対応するために，学校図書館をバックアップするのが公共図書館の役割である。学校図書館から公共図書館に資料の貸出を依頼すると，学校に該当資料を見繕って届けてくれる。そのほか，司書教諭，学校司書とのミーティング，公共図書館司書による学校訪問（新１年生への公共図書館の紹介など），公共図書館の広報の紹介（ブックリスト・イベント紹介など），ボランティア向けの資料の修理の方法の講習なども多くの学校で実施されている。

　他方，学校図書館は公共図書館からの支援を受けるばかりではなく，学校図書館からも公共図書館へ，学校図書館便りの紹介，学校図書館資料を活用する教科の情報，借りた資料の中で教科で活用された資料の情報を伝えるなどの情報提供を行い，連携，協力を活発に進めていきたい。

　公共図書館の活性化のためにも学校図書館とのネットワークを積極的に進めることが重要となる。学校と公共図書館をつなぐ情報ネットワークを構築し，資料の迅速で確実な物流システムを構築するのが教育委員会の役割となる。

　学校での読書活動から，生涯にわたる読書活動として公共図書館を利用する市民が育つこと，その基本的力の小学校での習得が期待される。

　注
　　1）子どもの読書活動の推進に関する法律第2条。
　　2）学校図書館研修資料編集委員会『学校図書館ABC：運営から指導まで．改訂3版』

全国学校図書館協議会，2004，106-107ページ。
3）渡辺暢恵『学校図書館入門』ミネルヴァ書房，2009，210ページ。
4）横浜市教育委員会『学校図書館教育指導計画作成の手引き：子どもたちの学びを豊かにする学校図書館』時事通信社出版局，2012，99ページ。
5）学校図書館問題研究会『学校司書ってこんな仕事』かもがわ出版，2014。
6）松井直「聞くという読書」『読書活動推進運動 Vol.369』読書運動推進協議会，1998，1ページ。
7）渡辺康夫『読む力を育てる読書へのアニマシオン』全国学校図書館協議会，2005，49ページ。
8）桑田てるみ「新しい読書活動・指導の可能性：21世紀型スキルの育成に寄与する学校図書館のために」『学校図書館』全国学校図書館協議会，2013年7月号（753号），16-18ページ。
9）足立幸子「リテラチャー・サークル：アメリカの小学校のディスカッション・グループによる読書指導方法」『山形大学教育実践研究13』2004，9-18ページ。
10）ルーシー・カルキンズ著，吉田新一郎訳『リーディング・ワークショップ：「読む」ことが好きになる教え方・学び方』新評論，2010，61-78ページ。
11）桑田てるみ「学校・学校図書館を取り巻く新しい読書活動：集団的・戦略的読書の視点から」『カレントアウェアネス』No.309，国立国会図書館，2011，11-12ページ。

参考文献
国立青少年教育振興機構『子どもの読書活動と人材育成に関する研究（2011-2013）』2013

第10章

中学校・高校の読書教育
——言語教育と科学的探究の融合

1. 自然や科学への興味・関心を高める

　新しい学習指導要領では「生きる力」をはぐくむことを目指し，基礎力・基本的な知識及び技能を習得させ，これらを活用して課題を解決するために必要な思考力，判断力，表現力等をはぐくむとともに，主体的に学習に取り組む態度を養うため，「言語活動」を充実することとされている。

　国語だけでなく各教科でも実践することが期待され，「特に理科では，観察・実験のレポートで視点を明確にして，差異点や共通点をとらえて記録・報告したり，比較や分類，関連付けといった考えるための技法，帰納的な考え方や演繹的な考え方などを活用して説明する，また，仮説を立てて観察・実験を行い，その結果を評価し，まとめて表現すること」などが明記されている（文部科学省初等中等教育局児童生徒課，2012）。

　「子どもの読書活動の推進に関する法律」の制定・施行は，地域の読書活動のはずみとなり，「文字・活字文化振興法」の制定・施行は，学習指導要領の改訂において「言語活動の充実」を掲げるに至った。言語力（読む・書く・考える・伝える）の向上は，いま，わが国の教育の最も重要な課題となっている（全国SLA 他，2012）。

　素晴らしい本との出会いは，人生を楽しく豊かなものにし，時として，人の一生を左右するきっかけにもなる。特に，科学の読み物は，生徒が自然や科学

に関する知識や調べ方を学ぶ機会となるだけでなく，日常の事物や現象の不思議さや面白さに気づき，自然の見方，科学的な思考力を養うことができるきっかけを与えてくれる。

中・高等学校の理科教育の課題として，中学校以降理科への興味・関心が低くなる，理科で学んだ事項の応用や実生活や社会生活との関連性が重視されていない，将来理工系の専門家を目指すことへの興味・関心が低い，科学的な探究能力が育成されていない，理科は役立つという意識が低い，など挙げられてきた。私は，これらの課題を解決する方法としてフィールドワークを利用した科学的探究活動を導入する研究を行ってきた。

普段の授業内容が日常生活や自然と関連していることを意識させ，自然や科学に関する興味・関心を高める目的で，理科の副読本を制作した。その副読本は，理科の授業で学んだことを日常生活や地域の自然に応用する内容で構成された科学読み物である。その副読本を生徒に読ませて動機づけを行い，その後，地域の自然で科学的な探究活動を行わせた。

生徒は，自分の興味をもったテーマで地域の自然で探究活動を行う中で，授業で習った知識や技能を応用し，実物を通して科学的な思考力や判断力を鍛え，さらに探究活動の成果をレポートにまとめることで表現力を身に付けることができた。

本小論は，科学の読み物を通して，自然や科学への興味・関心や事物現象への探究心を高め，その本の中で紹介されたフィールドワークを行うことで，科学的な思考力・判断力・表現力など科学的な探究能力を育成する方法について述べる。

2. 生徒の興味・関心を深め，探究意欲をかき立てる科学の読み物とは

どのような内容の科学の読み物が，生徒の興味・関心を高めるのか，科学的な思考力など科学的探究力を高めるきっかけになるのか，その内容を研究してきた（五島，東レ理科教育賞）。その研究成果を以下にまとめた。

(1) 生徒にとって日常生活や地域の自然など，身近な内容である。
(2) 授業で学んだ内容と関連している内容や，授業で習った知識や技能を応用できる内容である。
(3) 授業で学んだ知識や技能を活用して，挑戦できる程度の内容である。生徒が一生懸命考えて，ようやく理解できるくらいのやや難しい内容は，生徒のチャレンジ精神をくすぐる。
(4) 短時間で読むことができる。読みやすい内容と分量である。授業後や休み時間でも，読むことができ，しかも内容が完結している。その内容について，話し合いや議論ができるような内容である。
(5) 自然や科学を一般的に解説するのでなく，読者が主人公と一体となれるような，物語性（ストーリー性）のある内容である。一般的，抽象的な内容より，具体的，探究的な内容である。身近な地域の自然や日常生活で出会える科学的事象の内容で構成されている。
(6) 文字ばかりでなく，理解しやすいように挿絵がたくさんある。1ページに挿絵がひとつくらいあるほうが，読みやすく，内容を理解しやすい。
(7) 文章の展開が，おもしろい。

3. 科学的な読み物を利用した教育（理科教育と読書教育の融合）の事例

　筆者は，中学校と高等学校で理科と物理を教え，生徒が身に付けた学力の一部をテストという方法で測定して評価をしてきた。また，生徒の科学的探究能力を育成するために科学的な研究を行わせ，レポートにまとめさせた。また，科学への興味・関心を高めるよう，科学的な読み物を紹介した。

　そのような約10年間の実践の試行錯誤の後に，生徒の自然や科学への興味・関心を高めるために科学的な読み物（副読本）を制作し，科学的な見方や思考力・判断力・表現力など問題解決能力を育成する方法を考え出した。それは，日々の授業，生徒の科学研究の成果を通して，言語力（読む・書く・考える・伝える）を育成する具体的な方法でもある。科学教育と読書教育を融合するも

のである。科学的な読み物を通して、自然や科学への興味・関心を高めるだけでなく、科学的な見方を育成し、最終的に、科学について学んだ知識や技能を活用させ、科学的な探究活動を行わせる方法である。

ここでは中学校での実践について解説する。

筆者は、理科を教える時、自然や科学の面白さを如何に伝えることができるのかを常に考え試行錯誤してきた。その成果として、生徒が学んだ科学の知識や技能を総動員して、日常生活を科学的にみる楽しさ、自分達の郷土について科学的に研究をする面白さ、そして学校卒業後も科学を学ぶ楽しさを知る機関として博物館を利用した学びなどを入れた副読本『不思議な国の健ちゃんの大冒険』を制作した。

それは、短時間で読めるよう、各章は内容を精選し、約10ページで構成した。内容を具体的にイメージしやすいよう、挿絵を1ページにひとつ以上入れている。具体的な内容は、1年の「植物・動物」「星座」(当時、天体は1年で教えていた)、2年の「細胞(生物)」「原子・分子(化学)」、3年の「速度の加減法則(物理)」「岩石と地層(地学)」(当時は大地の生い立ちは3年で教えていた)、「進化論(生物)」などたくさんの内容で構成されている。そして、あえて相対性理論を中学生にわかりやすく説明した。特殊相対性理論は「時間の進み方が変化する」という日常生活では予想もできない突飛な理論だからである。

科学を学ぶことによって、時間や空間について、日常生活では考えらないような面白いことが理解できる例、また、生徒に科学の面白さを知ってもらいたいという願いを込めて、あえて入れた。また、相対性理論を説明した第9章から第10章は、やや難しいが、科学に興味が高い生徒、理科のできる生徒にはチャレンジ的な内容となっている。

4. 『不思議な国の健ちゃんの大冒険』

筆者が制作した副読本『不思議な国の健ちゃんの大冒険』の内容は以下の通りである。

第10章　中学校・高校の読書教育

目次
1. 化石との出会い
2. カエルの子はカエル
3. 真実は夢よりも奇なり
4. 蓼食う虫も好き好き「伊達食う虫」
5. 一寸法師の健ちゃん
6. ケヤキの木の下で
7. 公開講座「三浦半島の生い立ち」
8. 悪魔に呪われた相対性理論の町
9. 時速325kmの超剛速球を投げる
10. 古典物理学と現代物理学
11. アインシュタイン博士のタイムマシンに乗って

　上記の構成に沿って，全体のストーリーは，主人公の小学校5年生の健ちゃんが，学んだ知識を利用して，実際の地域の自然や科学を理解してゆくという内容で構成されている。

　第1章「化石との出会い」では，主人公の小学校5年生の健ちゃんが，学校の校庭で野球をしていて，校庭の工事中の穴の中に落ちてしまう所から物語ははじまる。これは，ルイス・キャロルの『不思議の国のアリス』でアリスがウサギを追って穴に落ちてしまって不思議な国へ行って奇想天外な事物現象に出会うことを参考にして，『不思議な国の健ちゃんの大冒険』の物語の導入にした。落ちた穴の中で健ちゃんが，化石を発見して，それに興味をもち，学校の先生に質問したり，より詳しく調べるために博物館に行き，学芸員から学ぶ中で，地域の自然の生い立ちや日常生活のいろいろな事象を科学的に理解してゆく物語の導入である。

　第2章「カエルの子はカエル」では，家に帰って，発見した化石のことをお父さんに話すと，お父さんが昔，岩石や化石に興味をもち，調べる楽しさの経験を話してくれ，岩石や化石を調べる楽しさを確信する。親子は所詮同じこと

に興味を持つという意味で，章のタイトルにした。

　第3章「真実は夢よりも奇なり」では，健ちゃんが夢の中で，調べている岩石や地層が生成した時代にタイムスリップして，地域の生い立ちや人類の進化の歴史について体験的に学ぶ。

　第4章「蓼食う虫も好き好き」では，夢から覚めた健ちゃんが，夜空を眺めながら，学校で学んだ星座や天体に関する知識を復習するという内容である。また，学校の登下校の途中にある崖の火山灰の地層に興味をもち，それを調べるために博物館の公開講座に参加する。これは，学校で理科を学び，興味をもったことをより深く学ぶには，博物館などの施設を利用すべきであることを暗にほのめかしている。生涯学習を視点にいれた学びを示唆している。

　第5章「一寸法師の健ちゃん」では，第4章を受けて天の川の両脇に位置する織り姫星と牽牛星の七夕の昔話と「かぐや姫」という日本の昔話を扱い，文学と関連付ける。また，日本の子どもなら誰でも知っている昔話「一寸法師」の話を利用して，微細な世界を探究する面白さをほのめかす。一寸法師になったつもりで，火山灰層の小さい鉱物や生物の細胞を調べる。一寸法師になることで鉱物や細胞が大きくみえる。我々は普段微細な対象を虫眼鏡や顕微鏡などで拡大して観察するが，発想を変えて，自分が小さくなれば対象は大きくなるという逆転の発想である。つまり，視点を変えることによって，みえる世界が変わることの楽しさを物語に入れ込んだ。日本の昔話「一寸法師」を活用して，健ちゃんの身体が小さくなり，鉱物が大きくみえるというストーリーを展開する。これは，『ガリバー旅行記』（ジョナサン・スウィフト，1726年）の「リリパット国渡航記（小人の国）」「ブロブディンナグ国渡航記（大人の国）」などの面白さと科学を融合したものである。

　第6章「ケヤキの木の下で」では，子どもの頃，木登りをした楽しさや探検した楽しさや雑木林の植生を理解させるために作成した。子どもの頃の自然体験の大切さを暗にほのめかしている。

　第7章「公開講座『三浦半島の生い立ち』」では，博物館の公開講座で，地域の古環境の説明を受けているうちに寝てしまい，夢の中で。三浦半島の生い

立ちを理解してゆくというストーリーである。専門家の話は，むずかしいが，専門家から学ぶ大切さ，博物館など社会施設を利用して学ぶ大切さなど示している。

第8章「悪魔に呪われた相対性理論の町」では，夢の中で相対性理論の世界に入ってしまう。その中で，相対性理論の発見者アインシュタイン博士に出会い，タイムマシンで地域の自然史（古環境）を体験するというものである。

第9章「時速325kmの超剛速球を投げる」では，ピッチャーの投げるボールの速さを導入して，この世（宇宙）で一番速い光の速度を説明する。

第10章「古典物理学と現代物理学」では，相対性理論の世界について具体的に説明する。

最終章の第11章「アインシュタイン博士のタイムマシンに乗って」では，健ちゃんがタイムマシンにのって地球46億年の歴史や地域の自然史を総合的に理解するというストーリーである。科学者として，ウエゲナーやボーア，アインシュタインなどを紹介し，科学やその職業への関心を深める工夫もしている。そして，物語の最後に，生徒に自分で地域の自然を調べる大切さに触れ，「地域の自然を調べよう」という呼びかけで終わる。

この副読本は，自然や科学に対する興味を深め，授業で学んだ知識や技能を使って，地域の自然を探究する動機づけを行うための本である。

その後，生徒は，夏休みに地域の自然で探究活動を行い，レポートにまとめる。その中で優れた作品を提出した生徒は，日本学生科学賞に応募して，県知事賞を受賞した。

フィールドワークを通して，生徒は地域の自然や日常生活で科学的に思考・説明する能力を身に付ける。また，人間は言語を通して思考するので，科学的な研究のレポートを作成することは思考力・表現力を育成することにつながる。教師が科学読み物を制作し，それを利用した探究活動を導入した指導法は，現在の日本の理科教育の課題を克服し，科学好きで主体的に科学的探究を行うことのできる生徒を育成することに通じる。

第3部　読書教育の方法

　3年間の集大成である中学校3年生にこの副読本を読ませ，感想を書かせた。

「本を読みながら，理科が，よく分かるようになって，この本を読んで，とても得した気分です」

「この本を読んで地層のこととか昔の三浦の事とか相対性理論とか色々知る事ができて勉強になりました。特に相対性理論はこの本でおもしろそうだなと思い興味がわきました。健ちゃんの大冒険は楽しみながら勉強できるよい本だと思います。とてもおもしろかったです」

「この本を読み終ったら，三浦半島の地層などがよーくわかりました。これからも地層などたくさんしらべてみたいなと思っています」

などの感想から，この副読本が生徒にとって，自ら理科を学ぶ意義や楽しさを示し，探究活動のきっかけを作ったことにつながったと思われる。

　教育審議会の教育課程部会理科専門部会における主な意見（論点ごとに整理）の中で，理科教育の現状についての認識と課題として，「国際調査の結果から読解力の低下が大きく取り上げられているが，読解力だけでなく，読み解いてそれを表現するというところに大きな問題がある」（文部科学省ホームページ）と課題も挙げられている。

　科学の知識を利用して日常生活で起こる事物現象をどのように捉えるのかを具体的に示した物語を読むことは，まさに，知識と想像力を身に付けることにつながる。また，その後，探究活動につなげることは，学んだ知識や技能を総動員する総合的な営みである。

　筆者が制作した『不思議な国の健ちゃんの大冒険』の内容は，学生時代に夢中になって読んだ寺田寅彦随筆集やガモフ全集など，科学者（先人）が日常生活と科学の理論を融合した本を参考にしたものである。

　ここでは，読書を通して科学を地域の自然や日常生活と結びつけ，その後，探究活動につなげて，生徒の科学的探究能力を育成した具体例を説明した。これは言語活動（読書教育）と体験活動（理科教育）を融合する事例，さらに，思考と体験を融合する事例としても紹介できると思う。この実践は，科学読み

物をきっかけにして科学的探究能力を育成する理科のひとつのアイデアである。

5. すばらしい本との出会い

　文部科学省は，国としての人材育成の在り方，特に，科学技術教育について，「理科における基礎・基本として，知的好奇心などが重要である。また教科書についても好奇心をくすぐるような工夫が必要である」「理数教育の課題としては，教科書が面白くないこと，教員に単元構想力が不足していることがある」（文部科学省ホームページ）と指摘している。ここで紹介した実践は，その対応策のひとつの事例となると思われる。

　筆者は，大学生時代，無味乾燥なつまらない科学の講義に不満をもっていたとき，高校の物理教師の後藤史朗先生に科学の読み物を紹介された。それが寺田寅彦随筆集やジョージ・ガモフの『不思議の国のトムキンス』である。これらの本を読んでいて，自然や科学の本当の魅力や面白さを知るきかっけになり，将来，理科の教師になった時，彼らのように日常生活で事象を科学的に考える楽しさや面白さを伝える副読本を作るのが夢となった。

　そして高校の物理や中学校の理科の教師になって以来，子どもが科学に興味をもち，日常生活の事象を科学的に考える面白さを身に付け，生涯にわたって科学を学ぶ楽しさを身に付ける指導方法について，研究し続けてきた。その過程で，科学の面白さを生徒に伝える読み物と本物の自然で体験的に学ぶ大切さを融合した指導について構想を練った。そして，後に，三浦の自然を解説し，フィールド調査を行える場所の情報を入れた副読本『三浦の地層』を制作し，その中に「不思議な国の健ちゃんの大冒険」を収録した。

　科学を知る楽しさや日常生活を科学的に考える面白さを伝えるためには，理科の授業時間では十分でない。教科書では伝えきれない自然や科学への興味・関心を高め，授業で得た知識や技能を利用して，実際にフィールドで自然を調査し，科学的探究的な活動を行うために副読本を制作した。その時，生徒は生き生きと楽しく自然や科学を学び，探究活動の成果として日本学生科学賞で神

奈川県知事賞などを受賞した。

　そして，筆者もその副読本と身近な地域の自然を利用した探究的な理科教育の開発と実践で東レ理科教育賞本賞を受賞することができた。偶然にも，その審査委員長が『不思議の国のトムキンス』の翻訳者である伏見康治先生であった。その賞金を使って，コロラド大学（ガモフ教授記念タワー）に行き，ジョージ・ガモフの唯一の息子であるイゴー・ガモフ教授と会い，2人でジョージ・ガモフ博士のお墓参りもできた。

　東京理科大学の恩師石川孝夫教授の当時助手であった鈴木清光先生から，私が寺田寅彦先生の曾孫弟子にあたることを最近知った。寺田寅彦先生は中谷宇吉郎先生，平田森三先生，坪井忠二先生などたくさんの弟子を輩出している。石川先生は東京大学の平田先生の弟子である。つまり，筆者は，偶然，寺田寅彦先生の曾孫弟子にあたり，彼が科学を楽しむ方法を随筆集で書いたような科学的な読み物（副読本）を制作し，それを使った理科教育を目指し実践してきたことに，嬉しさと運命を感じる。

　読書は，人類が獲得した文化であり，読書習慣は一生の財産として生きる力ともなり，楽しみの基となる（文化審議会答申，平成16年（2004））。科学も，人類の築いた文化であり，科学することを通して，人間は科学的・論理的に思考できるようになり，豊かな人生を送ることができる。「中学生以降は論理的思考力を主に，その他の能力も総合的に育成」する中で，特に科学的思考力の育成は，その論理的思考力の中心となる（文化審議会答申，2004）とあり，科学的思考力の育成の大切さが謳われている。

　2冊のすばらしい本との出会いが，筆者の人生を左右してきた。この幸運と2人の著者（ジョージ・ガモフ博士と寺田寅彦博士）と翻訳者（伏見康治博士），そして3人の恩師（石川孝夫博士，鈴木清光先生，後藤史朗先生）に心より感謝したい。

　人間は言語を通して思考する。言語を使用するときに，意識してより適切な言葉を用いるか，また，日常生活の事物現象を科学的に思考する習慣を身に付けるか，など，現在の日本の理科教育の課題である科学に対する興味・関心の

第10章　中学校・高校の読書教育

低さなどを克服し，科学好きで科学的に思考することのできる人間を育成することに通じるように思われる。

参考文献
文部科学省初等中等教育局児童生徒課「研修セミナー　平成24年度学校図書館整備について」配布資料，2012
全国SLA，文字・活字文化推進機構，学校図書館整備推進会議「資料集：子どもの読書推進　学校図書館の整備充実に向けて」2012，64ページ
ジョージ・ガモフ著，伏見康治訳『不思議の国のトムキンス』白揚社，1950
ルイス・キャロル著，芥川龍之介・菊池寛共訳『不思議の国のアリス』文藝春秋，1927（マクミラン社，1865）
ジョナサン・スウィフト著，原民喜訳『ガリヴァー旅行記』青土社，1978（ベンジャミン・モット，1976）
小宮豊隆編『寺田寅彦随筆集』岩波書店，1948
五島政一「不思議な国の健ちゃんの大冒険」『三浦の地層』三浦市教育委員会，1992，69-180ページ
文化審議会答申「これからの時代に求められる国語力について」概要，2004
文部科学省「教育課程部会（第3期第1回～第27回）における主な意見（抄）（理科関係）」http://www.mext.go.jp/b_menu/shingi/chukyo/chukyo3/014/gijiroku/06080209/002.htm（最終閲覧日：2013年7月）

第11章

発達を支える読書
――特別支援教育を中心に

　学校の中では，特別な支援を必要とする児童生徒が学習している。障害種別に対応した特別支援学校で学習する児童生徒，小・中学校の特別支援学級に在籍して学習する児童生徒，そして通常の学級に在籍して学習を行う児童生徒の中にも，特別な支援を必要とする学習障害（LD）や注意欠陥多動性障害（ADHD）のある児童生徒がいる。

　学校図書館は，教育課程の展開を支える資料センターの機能を発揮しつつ，学習・情報センターとしての機能，読書センターとしての機能を果たすことが求められるが，特別な支援を必要とする児童生徒の発達に資するためには，それぞれの児童生徒の障害特性に合わせた配慮や工夫が必要となる。本章では，障害のある児童生徒の特性を踏まえた読書指導への配慮について解説する。

1. 特別な支援を必要とする児童生徒と読書活動

(1) 特別支援教育の対象と教育的支援

　学校図書館は，小・中学校だけでなく，特別支援学校の中にも学校図書館が設けられている。特別支援学校で学習する児童生徒は，視覚障害，聴覚障害，知的障害，肢体不自由，病弱・身体虚弱，重複障害（2つ以上障害を併せ有する）である。

　小・中学校の中には，特別支援学級が設置されており，そこでは弱視，難聴，知的障害，肢体不自由，病弱，言語障害，自閉症・情緒障害の児童生徒が学習

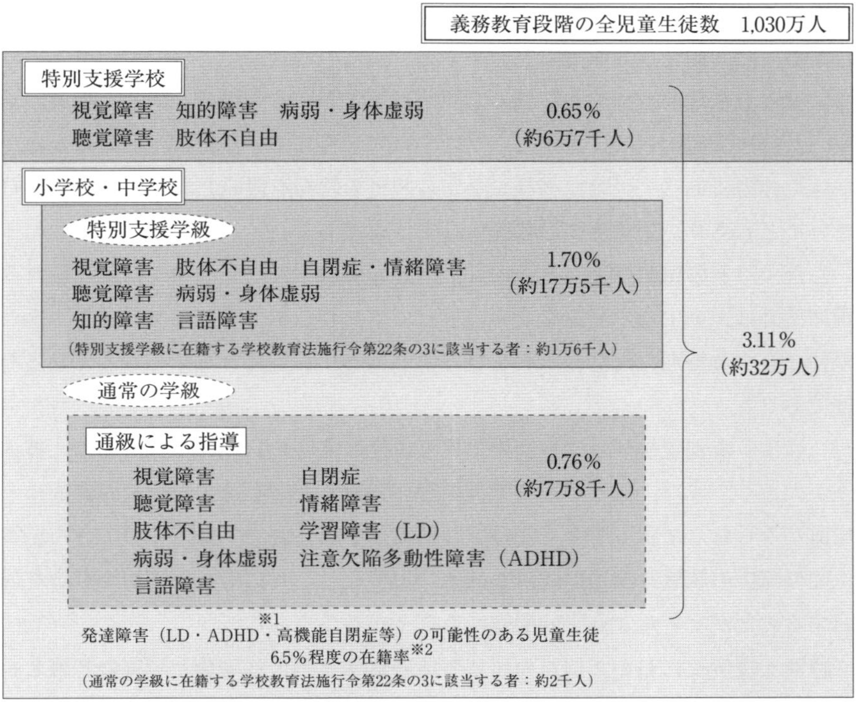

第11章　発達を支える読書

```
                                    義務教育段階の全児童生徒数　1,030万人
┌─────────────────────────────────────────────────────────────┐
│ 特別支援学校                                                  │
│   視覚障害　知的障害　病弱・身体虚弱        0.65%             │
│   聴覚障害　肢体不自由                      (約6万7千人)      │
│                                                              │
│ 小学校・中学校                                                │
│   ┌─特別支援学級─┐                                          │
│     視覚障害　肢体不自由　自閉症・情緒障害   1.70%            │
│     聴覚障害　病弱・身体虚弱                 (約17万5千人)    │
│     知的障害　言語障害                                        │
│     (特別支援学級に在籍する学校教育法施行令第22条の3に該当する者：約1万6千人)  │
│                                                              │
│   ┌─通常の学級─┐                                            │
│     ┌─通級による指導─┐                                      │
│       視覚障害      自閉症              0.76%                 │
│       聴覚障害      情緒障害            (約7万8千人)          │
│       肢体不自由    学習障害 (LD)                             │
│       病弱・身体虚弱 注意欠陥多動性障害 (ADHD)                │
│       言語障害                                                │
│                                                              │
│     発達障害(LD・ADHD・高機能自閉症等)の可能性のある児童生徒  │
│                     6.5%程度の在籍率※2                        │
│     (通常の学級に在籍する学校教育法施行令第22条の3に該当する者：約2千人)  │
└─────────────────────────────────────────────────────────────┘
                                              3.11%
                                              (約32万人)
```

※1　LD (Learning Disabilities)：学習障害，ADHD (Attention-Deficit / Hyperactivity Disorder)：注意欠陥多動性障害
※2　この数値は，平成24年に文部科学省が行った調査において，学級担任を含む複数の教員により判断された回答に基づくものであり，医師の診断によるものでない．

(※2を除く数値は平成25年5月1日現在)

図11－1　特別支援教育の対象の概念図（義務教育段階）

出所）文部科学省初等中等教育局特別支援教育課，2014[1]）

している．また，通常の学級には約6.5％の発達障害（LD，ADHD等）のある児童生徒が学習している（図11－1）．

特別な支援を必要とする児童生徒の中には，障害の特性として，文字がみえない，文字がみえていても内容を認識できない，音声は理解できるが活字は識別できにくい，印刷物に対してその中の文字や図表を認識することが難しい場合などがある．また，身体の運動面で障害のある児童生徒の場合は，本を手で

第3部　読書教育の方法

支えることができなかったり，ページをめくることがむずかしかったりする場合がある。知的発達の面で障害のある児童生徒の場合は，書籍で使用されている文章の意味理解や挿絵や写真の意図が理解できにくい場合がある。病気の治療のために長期間病院に入院し，院内学級で学習している児童生徒の場合は，病状や体力に応じて医師に相談しながら読書の時間を設定しなければならないこともあり，児童生徒の状況はさまざまである。

しかし，どの児童生徒にとっても，未知な経験や新しい知識や情報に触れる読書活動は児童生徒の発達を支える手立てであり，本と障害のある児童生徒との仲立をする特別な配慮や工夫を行うことはとても重要な意味をもっているわけである。

一般に，特別支援学校に在籍する児童生徒の障害の状態は多様であり，個人差が大きく，また，個々の児童生徒についてみると，心身の発達の諸側面に不均衡がみられることも少なくない。特別支援学校においては，このような児童生徒の障害の状態や発達の段階を的確に把握し，これに応じた適切な教育を展開することができるよう十分配慮することが必要である。

特別支援学校において個々の児童生徒の実態を考える場合，障害の状態とそれに起因する発達の遅れのみに目が向きがちであるが，それ以外にも能力・適性，興味・関心や性格，さらには進路などの違いにも注目していくことが大切である。小学部及び中学部の段階は，6歳から15歳という心身の成長の著しい時期である。児童生徒はそれぞれ能力・適性，興味・関心，性格等が異なっている。そのため，児童生徒の発達の過程などを的確にとらえるとともに，その学校あるいは学年などの児童生徒の特性や課題について十分配慮して教育活動を行わなければならない。

これらのことは，特別支援学校だけでなく，小・中学校の特別支援学級に在籍して学習している児童生徒にも同様の配慮が必要であることを認識しておかなければならない。

第11章　発達を支える読書

(2) 特別支援教育における読書活動

　特別支援学校小学部・中学部学習指導要領の第1章総則第4の指導計画の作成等において配慮すべき事項2の11では、「学校図書館を計画的に利用しその機能の活用を図り、児童又は生徒の主体的、意欲的な学習活動や読書活動を充実すること。」が示されている。学校図書館については、教育課程の展開を支える資料センターの機能を発揮しつつ、①児童生徒が自ら学ぶ学習・情報センターとしての機能と、②豊かな感性や情操をはぐくむ読書センターとしての機能を発揮することが求められる。したがって、特別支援学校の学校図書館は、学校の教育活動全般を情報面から支えるものとして図書、その他学校教育に必要な資料やソフトウェア、コンピュータ等情報手段の導入に配慮するとともに、特別な支援を必要とする児童生徒の特性を踏まえたゆとりのある快適なスペースの確保、校内での協力体制、運営などについての工夫に努めなければならないわけである。

　これらのことは司書教諭が中心となって、特別な支援を必要とする児童生徒や教師の利用に供することによって、学校の教育課程の展開に寄与することができるようにするとともに、児童生徒の自主的、主体的な学習や読書活動を学校司書とともに推進することが要請されているのである。

　各教科等を通じて特別な支援を必要とする児童生徒の特性を踏まえながら、思考力・判断力・表現力等をはぐくみ、言語に対する関心や理解を深め、児童生徒の言語活動の充実を図ることに取り組むのであるが、その中でも、読書は、児童生徒の知的活動を増進し、人間形成や情操を養う上で重要であり、児童生徒の望ましい読書習慣の形成を図る必要がある。

2. 障害の特性と読書への配慮

(1) 視覚障害

1) 視覚障害のある児童生徒の特性

　視覚障害とは、視機能の永続的な低下により、学習や生活に支障がある状態

をいう。学習では，動作の模倣，文字の読み書き，事物の確認の困難などがある。生活では，移動の困難，相手の表情などがわからないことからのコミュニケーションの困難などがあり，これらの特性を踏まえた配慮が必要となる。

　視力障害は，一般的に両眼でみた場合の矯正視力が0.3程度まで低下すると，黒板や教科書の文字や図をみるのに支障をきたすようになり，教育上特別な支援や配慮が必要となる。視力が幾分あっても，それが非常に低く，文字や形態等を視覚的に認知することが不可能な場合は，点字を常用することになる。全盲児と点字を常用する必要がある者を含めて，一般に盲児と呼んでいる。また，視力が全盲児ほど低くなくて，通常の文字を常用した教育が可能なものを弱視児という。弱視児は，文字や形態の網膜像が大きければみえるが，小さければみえないため，たとえば30cmの読書距離では読めないような小さな文字でも，10cmの近距離からみると，網膜像が約3倍になるため読書可能となる。視力が0.1程度の弱視児の場合，読書距離を30cmに指示すると読書困難であるが，目を近づけて読んだり，拡大教材を用いたりすることによって読書可能になるのはこのためである。拡大鏡（弱視レンズ）や教材拡大製造設備を用いるのも，網膜像の拡大を目的としている。

2）視覚障害のある児童生徒への読書指導

　盲児の場合，視覚を必要とされる行動は，聴覚や触覚などの視覚以外の感覚を活用する。日常生活における環境の判断は，聴覚の働きに頼ることが多く，外界の物音や，靴の反射音などが環境判断の手掛かりになる。外気の流れやにおいもその一助となる。学校図書の種類では，点字図書（ボランティアグループによる点訳図書等），触る図書（ボランティアグループによる作成，市販），テープ図書（カセットテープに録音，オーディオブック），DAISY録音図書（音声DAISY，マルチメディアDAISY）などを揃える必要がある。図書の検索では，自分で図書館を見渡して読みたい書籍をみつけ出すということは困難であるため，児童生徒の「こんな本が読みたい」という読書ニーズに対応する援助が必要となる。

第11章　発達を支える読書

　弱視児は，みようとする物に目を著しく近づけるという特徴がある。読書に際しては，教室の全体照明を保ちつつ個人差に対応した照度を保つこと（電気スタンド等），拡大教材の活用（字体，文字サイズ，行間・文字間等の条件を調整），視覚補助具では，教材の拡大映像設備（写真11-1）や各種弱視レンズを活用する。

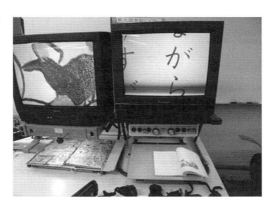

写真11-1　拡大読書器

出所）国立特別支援教育総合研究所

📖 コラム：DAISYとは（概略）[2]

　DAISYとはDigital Accessible Information Systemの略で，日本では「アクセシブルな情報システム」と訳されています。ここ数年来，視覚障害者や　普通の印刷物を読むことが困難な人びとのためにカセットに代わるデジタル録音図書の国際標準規格として50カ国以上の会員団体で構成するデイジーコンソーシアム（本部スイス）により開発と維持が行われている情報システムを表しています。DAISYコンソーシアム公認のオーサリングツールを使ってデジタル図書を作ることができ，専用の機械やパソコンにソフトウェアをインストールして再生をすることができます。国内では，点字図書館や一部の公共図書館，ボランティアグループなどでDAISY録音図書が製作され，主な記録媒体であるCD-ROMによって貸し出されています。
出所）DAISY研究センター（日本障害者リハビリテーション協会情報センター内）
　　　http://www.dinf.ne.jp/doc/daisy/about/（最終閲覧日：2014年10月30日）

(2) 聴覚障害

1) 聴覚障害のある児童生徒の特性

　聴覚障害とは，聴覚的機能の永続的な低下の総称であり，身の周りの音や話言葉が聞こえにくかったり，ほとんど聞こえなかったりする状態をいう。聴覚障害がある子どもたちには，できるだけ早期から適切な対応を行い，音声言葉をはじめそのほか多様なコミュニケーション手段を活用して，その可能性を最大限に伸ばすことが大切である。

2) 聴覚障害のある児童生徒への読書指導

　聴覚障害のある児童生徒の場合，言語力の育成という面で，特別支援学校の学習指導要領では，各教科等の指導に際して，特に「児童の言語発達の程度に応じて，主体的に読書に親しんだり，書いて表現する態度を養うように工夫すること」[3]ということが示されている。聴覚障害の児童生徒は聴覚を通した情報の獲得が困難であることが多いため，書かれた文字等を通して情報を収集したり理解したりすることが極めて重要となる。一般的に話し言葉によるコミュニケーションは直接経験を主とする内容が多いが，読書は間接経験を通じて児童生徒の視野を広げ，知識を習得し，社会性や人間性を養う活動になるわけである。つまり読書活動は他者の経験を，活字を経由して自分の中の経験として取り込むことになり，聴覚障害教育の課題である言語概念の獲得に深く関係してくる教育活動なのである。特別支援学校（聴覚障害）の学校図書館では，手話や動画教材などのVTRやDVD等も用意されており，必要に応じて著作権等を確認し，字幕挿入などの対応が行われている。

　安全管理面では，耳が聞こえにくい児童生徒が学校図書館を活用しているときに火災・地震等の緊急放送が流れても，児童生徒にはその状況や避難場所が伝わらないことがあるため，緊急事態の状況を即座に説明するカードを，あらかじめ図書室に用意しておく必要がある。

(3) 知的障害

1）知的障害のある児童生徒の特性

　知的障害とは，発達期に起こり，知的機能の発達に明らかな遅れがあり，適応行動の困難性を伴う状態をいう。知的障害のある児童生徒の学習上の特性として，習得した知識や技能が偏ったり，断片的になりやすかったりすることがある。そのため，習得した知識や技能が実際の生活には応用されにくい傾向があり，また，抽象的な指導内容よりは，実際的・具体的な内容が習得されやすい傾向がある。

2）知的障害のある児童生徒への読書指導

　知的障害のある児童生徒にとって，身辺生活・社会生活に必要な知識，将来の職業生活に必要な知識を育てることは重要なことである。そのための児童生徒の興味・関心を引きつける教材として，学校図書を充実する必要がある。

　知的障害の特別支援学校では，教科学習において検定教科書の使用がむずかしい場合，文部科学省の著作教科書，附則の９条本（学校教育法附則第９条）としての一般図書が教科用図書として使用される場合がある。附則の９条本は，いわゆる市販の絵本等で，知的障害の児童生徒の発達段階に即して，その内容が教科指導に適している図書を使用することができるようになっている。毎年，文部科学省より，約300冊程度の一般図書が附則の９条本としてリストアップされ，その中から教科用図書を採択することができるようになっている。特別支援学校（知的障害）では，知的障害のある児童生徒が興味を示すさまざまな分野の図書を豊富に充実することは重要なことで，活字での理解が困難であっても，図鑑，写真集，漫画などの書籍は，知的障害のある児童生徒に分かりやすい教材となりえるのである。また，特別支援学校（知的障害）においては，児童生徒の知的発達の個人差を考慮して，幼児期の子どもが興味を示す絵本なども，充実させておくことが大切である。

(4) 肢体不自由

1) 肢体不自由のある児童生徒の特性

　肢体不自由のある児童生徒は，上肢，下肢又は体幹の運動・動作の障害のため，起立，歩行，階段の昇降，いすへの腰掛け，物の持ち運び，机上の物の取扱い，書写，食事，衣服の脱着，整容，用便など日常生活の学習上の運動や動作に困難がある。これらの運動・動作には，起立・歩行のように下肢や平衡反応に関わるものと，書写・食事のように上肢や目と手の協応動作に関わるもの，物の持ち運び・衣服の脱着・用便のように，肢体全体に関わるものがある。このような運動・動作の困難は，姿勢の保持の工夫と運動・動作の補助手段によって軽減されることが少なくない。

2) 肢体不自由のある児童生徒への読書指導

　肢体不自由のある児童生徒の場合，運動・動作の面で困難があるため，学校図書を有効活用するためには，図書館へのアクセスビリティの確保が特に重要になる。車いすを使用して学校生活を行う児童生徒がいる場合は，図書館へ行くために階段で上下移動を必要とするかどうか，図書館に近い場所に手すりのついた洋式トイレがあるかどうかなど，十分に検討しなければならない。児童生徒の校内移動が困難な場合は，日常的に在籍している学級内に，児童生徒の希望する図書を用意する必要がある。また，学校図書館まで移動ができた場合でも，書籍の展示スペースに，車いす等が通れる広さがあるか，障害物がないか，高いところの書籍に手が届くか，辞典や図鑑などの重さのある書籍が保持できるかなど，個々の児童生徒の実態に即して配慮の手立てを考えていかなければならない。

(5) 病弱・身体虚弱

1) 病弱・身体虚弱の児童生徒の特性

　病弱とは病気にかかっているため，体力が弱っている状態を表している。病気が長期にわたっているもの，又は長期にわたる見込みのもので，その間は，

第11章　発達を支える読書

継続して医療又は生活規制が必要となる。生活規制とは，健康の維持や回復・改善にための必要な運動・食事，安静，服薬等に関して守らなければいけないことが決められていることである。また身体虚弱というのは，身体が弱い状態を表し，最近では，元気がなかったり，病気がちで学校の欠席が多かったりする場合には，身体虚弱として対応を行うようになっている。

2）病弱・身体虚弱の児童生徒への読書指導

　児童生徒の病状によっては，通常の学習時間に制限が必要な場合がある。そのため，病状を悪化させない範囲での適切な学習時間や読書時間はどの程度なのかについて，医師の診断に基づいて状況を把握することになる。「学習時間の制限は特にない」「1日に4時間程度の学習が可能」「ベッドで1日に1～2時間程度の学習が可能」などのように具体的に状況を把握してから，読書活動の扱いを考えなければならない。

　学習時間の制約はあるが，病弱児の場合は集団参加の経験が乏しかったり，対人関係や社会性に課題を有する場合があり，これらの知識や経験を豊にするうえで読書は重要な意味をもつことになる。紙媒体の書籍だけでなく電子機器の画面での書籍も活用が可能であるが，電子機器が医療機器に何らかの影響を及ぼすことがないかどうか確認してから使用することになる。病院内の学級で学習している児童生徒の場合は，小・中学校の図書館に出向くことができないため，担任教師が司書教諭と相談し，同世代の児童生徒の興味関心に基づいて数冊の書籍を選定し，院内学級に用意をすることになる。書籍の衛生面の管理も必要となる。

(6) 自閉症

1）自閉症のある児童生徒の特性

　対人関係では，視線が合わない，名前を呼んでも振り向かない，人を意識して行動することや人に働きかけることが見られないなど，人への関わりや働きかけに対する反応の乏しさが見られる。言語面では，自閉症が重度であれば，

言語の獲得は困難であるが、知的な遅れがない場合は、一見しただけでは、障害が分からないほど、話すことができる者もいる。同一性への固執（いわゆるこだわり）として、急な環境の変化に適応できにくい場合があり、初めての場所・経験の場合は、気持ちが動揺する場合がある。また、特定の事物に興味と関心が集中することがあり、たとえば、漢字、カレンダー、乗り物など、これらを特集した辞典や図鑑などの描画が興味の対象となることがある。

2）自閉症の児童生徒への読書指導

　自閉症の児童生徒の特性を踏まえると、いきなり学校図書館を訪問するということではなく、学校図書館の前を何度も歩いたり、一日の時間割の中で、事前に図書館に行くことを児童生徒に伝え、本人の心の準備をしておく事前の指導が不可欠である。図書館司書の方の顔や図書館の中の様子を、写真などに撮影し、事前に児童生徒見せて「次は図書館に行くよ、図書館の○○先生に会うよ」と段階を踏んで、学校図書館を活用することになる。

　自閉症の児童生徒の固執性を生かす意味では、たとえば「乗り物」に興味関心がある児童生徒なら、図書館にあるさまざまな分野の図鑑との出会いは、子どもの楽しみと知識を広げる重要な機会となるわけである。児童生徒がとても興味をもっている本の側に、新しい知識が広がるような書籍を用意しておけば、自閉症のある児童生徒の視野の中にその書籍が入ることで、新しい興味関心を広げる機会となったり、言語力や知識を発達させる活動に発展したりすることになるわけである。

(7) 情緒障害
1）情緒障害のある児童生徒の特性

　情緒障害とは、主として心理的な要因による選択性かん黙等があるもので、情緒が不安定になったり、その状態が続くような状態である。たとえば、継続的な人間関係のあつれきや幼少期からの不適切な生育環境等の要因がこれに当てはまる。発達障害によるものではなく、心理的な要因によるものである。

第11章　発達を支える読書

選択性かん黙等のために通常の学級での学習では効果を上げることが困難であり，集団生活への参加や社会適応のための特別な指導を行う必要がある場合は，教育内容・方法を決定する際は，慎重に進める必要がある。

2）情緒障害のある児童生徒への読書指導

集団参加や社会適応に課題がある場合は，特別な指導の中で個々の児童生徒の状態に応じて，個別に対応することになる。児童生徒が興味関心のある書籍などを用意し，児童生徒の心の安定が保たれ，落ち着いて読書ができる環境を整える必要がある。学校図書館に，オープンな読書スペースだけでなく，一人ひとりの子どもが読書に浸れるスペースの設置も必要な場合がある。その際には，子どもの様子が完全に隠れるスペースではなく，さりげなく背後から目が届くような配置の工夫が必要となる。

(8) 学習障害（LD）

1）学習障害のある児童生徒の特性

学習障害（LD：Learning Disabilities）とは，基本的には，全般的な知的発達に遅れはないが，聞く，話す，読む，書く，計算する又は推論する能力のうち，特定のものの習得と使用に著しい困難を示すさまざまな状態である。学習障害の原因として，中枢神経系に何らかの機能障害があると推定されるが，視覚障害，知的障害，情緒障害などの障害や，環境的な要因が直接的な原因になるものではない。文部科学省の平成14年及び平成24年の調査[4]では，小・中学校の通常の学級に，LDやADHD等により学習や生活の面で特別な教育的支援を必要としている児童生徒が，約6.5％程度在籍している調査結果が示されている。一クラスに，2～3名の児童生徒が読むことや書くことに困難な状況がある児童生徒がいるわけである。

2）学習障害のある児童生徒への読書指導

学習障害の児童生徒の中には，読み書きに困難な状況がある場合があり，文

字を目で追いかける読書活動と，文字を使って感想文を書き言葉で表現する活動は，学習障害の児童生徒に困難な教育活動を迫ることになる場合がある。そのため，子どもの苦手とする学習活動を丁寧に実態把握し，読みに困難な状況がある児童生徒にはDAISY録音図書を活用したり，また，書くことに困難な状況がある児童生徒には，ICレコーダーなどに感想を話したり，あるいはパソコンを使って読書感想をキーボードから打ち込んで表現するなどの工夫が必要となる。本を読みたいのだけれども，文字を読んでみえているのだけれども，脳で上手に書き言葉を認識できないもどかしさは，児童生徒本人が一番分かっており，教師は「努力が足りない」「練習すればできる」という考えではなく，本人が，困っていることは何なのかを把握し指導方法を工夫する必要がある。文字をみて認識したり，考えたことを表現したりするための代替え手段を，子どもの状況に応じて工夫していかなければならない。画一的な方法での読書指導が，学障障害の児童生徒に苦痛を強いる時間にならないようにしなければならない。

(9) 注意欠陥多動性障害（ADHD）

1）注意欠陥多動性障害のある児童生徒の特性

　注意欠陥多動性障害（ADHD：Attention-Deficit/Hyperactivity Disorder）とは，年齢あるいは発達に不釣り合いな注意力，又は衝動性・多動性を特徴とする障害であり社会的な活動や学校生活を営むうえで著しい困難を示す状態である。通常は7歳以前に現れ，中枢神経系に何らかの要因による機能不全があると推定される。気が散りやすく，注意を集中させ続けることが困難であったり，必要な事柄を忘れやすかったりする。また，話しを最後まで聞いて答えたり順番を守ったりすることが困難であったり，じっとしていることができず，落ち着いて活動や課題に取り組むことが困難であることから，過度に手足を動かしたり，話したりすることがある。

2）注意欠陥多動性障害のある児童生徒への読書指導

　注意欠陥多動性障害のある児童生徒は，「故意に活動や課題に取り組むことを怠けている」あるいは「自分勝手な行動をしている」などとみなされて障害の存在が見逃されやすい。このような行動が障害に起因しており，その特性に対応した指導や支援が必要であることを学校関係者は認識する必要がある。ソーシャルスキル（社会で人と交わり，生活していく能力）の習得，コミュニケーション能力の発揮，対人関係形成などについて，通級指導教室などの特別な場において個々に応じた特別な指導が必要になる場合がある。

　たとえば，図書室に来たときに，「10分間，本を探しましょう」と説明していても，新刊図書コーナーの本の表紙を見ただけで，1～2分で拙速に本を決めてしまったり，友だちがみていた「恐竜の写真」が視野に入ったとたん，急にその本をつかみ取ったり，友だちとのコミュニケーションや学校図書館のルールのところでつまずいてしまうことがある。本を読みたいという気持ちは強くても，読書活動に至るまでのところで叱責をうけて意欲をうしなうことがある。そのようなときは，図書の検索や貸し出しのルールなどを，司書教諭や学校司書がその子によりそって，モデル的な行動を何回も提示し，しだいに友だちとも協調しながら，学校図書館が楽しく活用できるような力がつくように働きかける支援が必要となる。学級担任の先生とも指導・支援の方法について連絡・連携を行うことが重要となる。

3. 共生社会の形成，障害の理解につながる学校図書の充実

　2012（平成24）年7月23日に，中央教育審議会中等教育分科会で「共生社会の形成に向けたインクルーシブ教育システム構築のための特別支援教育の推進（報告）」[5]が行われた。報告では，共生社会の形成に向けて，障害のある子どもと障害のない子どもが共に学ぶことを目指すべきであることが示されている。その場合には，それぞれの子どもが，授業内容が分かり学習活動に参加している実感・達成感をもちながら，充実した時間を過ごしつつ，生きる力を身につ

けていけるかどうかが最も本質的な視点であり，そのための環境整備が必要であることが述べられている。

　現在，いくつかの教科書では，点字や手話などのことを題材にした内容が採りあげられているが，これらの教育課程の展開を支える役割として，また，今後の共生社会の形成に向けた障害の理解啓発の意味においても，どの学校にも障害の理解につながる学校図書の充実を図ることが重要になってきている。

注
1）文部科学省初等中等教育局特別支援教育課「特別支援教育の対象の概念図（義務教育段階）」2014。
2）「DAISYとは」DAISY研究センター（日本障害者リハビリテーション協会情報センター内）http://www.dinf.ne.jp/doc/daisy/about/（最終閲覧日：2014年10月30日）。
3）文部科学省「特別支援学校　小学部・中学部学習指導要領」2009年3月。
4）文部科学省「通常の学級に在籍する発達障害の可能性のある特別な教育的支援を必要とする児童生徒に関する調査結果について」2012年12月5日。
5）中央教育審議会初等中等教育分科会「共生社会の形成に向けたインクルーシブ教育システム構築のための特別支援教育の推進（報告）」2012年7月23日。

参考文献
文部科学省初等中等教育局特別支援教育課「就学指導資料」2002
文部科学省初等中等教育局特別支援教育課「就学指導資料（補遺）」2006
文部科学省初等中等教育局特別支援教育課「教育支援資料」2013

第4部
読書教育の未来に向けて

第12章

電子書籍の発展と多様なメディア活用

1. 電子書籍の普及

　AmazonをはじめとするWeb上の書店が急速に発展し，また，タブレットPCやスマートフォンなどをはじめとするハードウエアの伸びは著しいものがある。2000（平成12）年のAmazonの日本上陸によって「Webを通して本を買う」ことが簡単にできるようになり，2008年のiPhone，2009年のAndroid OSを搭載したスマートフォン，2010（平成22）年のiPad発売によって，さまざまなデバイスで気軽にインターネットに接続したりドキュメントを閲覧することができるようになった。

　日本における電子書籍市場に関する調査（2012年）によると，日本における2011（平成23）年度の市場規模は629億円といわれており，そのうち，新たなプラットフォーム向け[1]は112億円と推計されている。2016年度には電子書籍全体で2,000億円程度，そのうち新たなプラットフォーム向けは1,800億円程度になると予測されている。

　さて，消費者が電子書籍を利用するとして，購入手段と読む手段が必要となる。電子書籍の購入は電子書店で行い（表12-1参照），読む手段は後述するようにさまざまな方法がある。その電子書店へのアクセスの確保と，電子書籍を読むためのツールがそれらにあたる。また，別の方法として，「自炊」[2]として自分で購入した書籍を電子化する場合や，既に著作権が切れた（あるいは著作

175

第 4 部　読書教育の未来に向けて

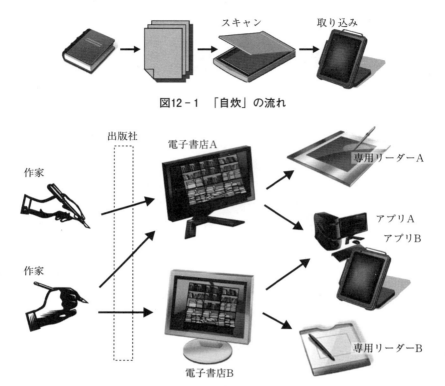

図12-1　「自炊」の流れ

図12-2　電子書籍の流通

権の一部について権利者が無償使用の許可を宣言している）文章をインターネット等から取り込む場合もある。「自炊」とは図12-1に示すように，自分で購入した（紙の）書籍を裁断し，ページをスキャンしてコンピュータに取り込んで，コンピュータ上で書籍を読めるようにすることである。

　後者については，海外での電子化プロジェクトである「グーテンベルグプロジェクト」（42,000作品），これの国内版である「青空文庫」（11,978作品）や日本ペンクラブ有志会員650人の作品を電子化した「日本ペンクラブ電子文藝館」（800作品），海外の作品や文献を日本語に翻訳した「プロジェクト杉田玄白」などが知られている。

第12章　電子書籍の発展と多様なメディア活用

表12-1　電子書店の比較

	Kindle ストア	Reader Store	BookLive!	Kobo ブックストア	iBookstore	GALAPAGOS STORE
運営元	Amazon	ソニー	凸版印刷	楽天	Apple	シャープ
蔵書数	数万冊	9万冊	16万冊	13万点	非公開	11万点
リーダー	Kindle Android/iOS アプリ	ソニーリーダー PS Vita Androidアプリ	Lideo Android/iOS/Windows アプリ	Kobo Androidアプリ	iOSアプリ	Media Tablet Android/iOS/Windows アプリ
決済手段	クレジットカード					
	Amazon ギフト券		デジタル図書券 専用プリペイドカード ケータイ支払い (DoCoMo)	楽天ポイント ギフトカード	iTunes カード	ケータイ支払い (DoCoMo/au)

注）Koboは「コンテンツ点数」としており，青空文庫／約1万点・楽譜／約3万点・歴史古文書／約3,600点・ウィキペディア作家情報等を含む。GALAPAGOS STOREはプラットフォームによって，購入できる電子書籍フォーマットに制限がある。

　電子書籍を読むには，専用のハードウエア（電子書籍リーダー）を用いる方法と，汎用のタブレットPC・パソコンやスマートフォンなどにアプリをインストールして読む方法の2通りがある。

　図12-2に電子書籍の流通経路を簡略化して示す。それぞれの電子書籍リーダーはそれぞれの電子書店と紐付けされており，電子書籍に容易にアクセスすることができる。汎用のタブレットPC・パソコンやスマートフォンを用いる場合には，さまざまな電子書店をひとつの機器で利用できるが，アプリのインストールや接続手続きなどが必要となる。

　日本国内の主だった電子書店を表12-1に，電子書籍を表12-2に，汎用のタブレットPCやスマートフォンの一例を表12-3にそれぞれ示す。

第 4 部　読書教育の未来に向けて

表12-2　電子書籍リーダー（電子書店に紐付けされた専用タイプ）

	Amazon		Sony	BookLive	楽天		シャープ
	Kindle Paperwhite	Kindle Fire HD 8.9	Sony Reader PRS-T2	BookLive! Lideo BL-121	Kobo Glo	Kobo mini	メディアタブレット EB-A71GJ-B
サイズ	117×169 ×9.1	240×164 ×8.8	110×173 ×9.1	110×165 ×9.4	114×157 ×10	102×133 ×10	195×122 ×11.9
重量	213 3Gモデルは222	567	164	170	185	134	396
ディスプレイサイズ	6型 758×1024	8.9型 1200×1920	6型 600×800	6型 600×800	6型 758×1024	5型 600×800	7型 1024×600
ワイヤレス環境	Wi-Fi						
	3Gモデルもあり（通信料は無料）			WiMAX（使用量は無料）			WiMAX
駆動時間	8週間	10時間以上	2カ月	1カ月	1カ月	1カ月	7.5時間

注）Kindle Fire とメディアタブレットは Android タブレットとしても使用可能

表12-3　汎用タブレット型 PC の一例

	iOS（Apple）		Android	BookLive	iPhone	Android 携帯
	iPad Retina（16GB）	iPad mini	Nexus 7	ASUS VivoTab Smart ME400C	iPhone 5	DoCoMo Sony Xperia A SO-04E
サイズ	185.7×241.2 ×9.4	200×134.7 ×7.2	198.5×120 ×10.45	262.5×171 ×9.7	58.6×123.8 ×7.6	131×67 ×10.5
重量	652	308	340	170	112	141
ディスプレイサイズ	9.7型 1536×2048	7.9型 1024×768	7型 1280×800	10.1型 1366×768	4型 1136×640	4.6型 1280×720
ワイヤレス環境	Wi-Fi					
	3Gモデルもあり					
駆動時間	10時間	10時間	非公開	9.5時間	225時間（待受け）	420時間（待受け）

2. 図書館・出版社（者）と電子資料

　図書館が扱う電子資料としては，これまでも CD・DVD の閲覧・貸出サービスは多く行われている。また，DVD を同梱した書籍や，内容を DVD に入れた書籍も多く流通している。そして，大学図書館では電子ジャーナルを一括契約していることが多い。

　電子書籍が読める図書館は，電子書籍図書館推進協議会の調査によると2012（平成24）年12月現在11館でサービスを行っている。現在もサービスが続いている図書館のうちで，最も古くからサービスを行っているのが千代田 Web 図書館である。千代田 Web 図書館では2007年からインターネットを使用して，電子図書を貸出し・返却が可能なサービスを行っている。本の貸出し・返却が24時間365日可能であり，貴重資料や灰色資料，郷土資料も貸出しが容易になった。Windows（Wbook）あるいは iPad（DBook Reader）で読むことができる。ただし今のところ利用者は，千代田区在住あるいは在勤者に限定される。また，岐阜県関市では楽天電子ブックリーダー「Kobo Touch」を市立図書館に100台・市立高校１校に1,150台を導入した。市立図書館では利用者に対して，電子書籍とともに Kobo を貸し出すことで無料コンテンツを利用できるようにする。高校では一人一台環境が実現し，朝の読書活動や授業での活用を目指している。

　2010年６月には，総務省・文部科学省・経済産業省による「デジタル・ネットワーク社会における出版物の利活用の推進に関する懇談会」の報告が公表され，「デジタル・ネットワーク社会における出版物の円滑かつ安定的な生産と流通による知の拡大再生産の実現」「オープン型電子出版環境の実現」「『知のインフラ』へのアクセス環境の整備」「利用者の安心・安全の確保」に向けた提言がなされている。

　出版社側の動きとしては，電子出版事業に関する制作・流通・サービス等の調査研究，情報の収集及び提供，法環境の整備及び提言，内外関係機関等との

交流及び協力を目的として，「日本電子書籍出版社協会（略称：電書協）」が2010年2月に設立された。2013年5月現在で41社が参加している。

図書館側の取り組みとしては，図書館・出版社(者)・システムインテグレータの3者によって，電子書籍図書館推進協議会が2012年9月に設立された。図書館と出版社(者)の共存共栄を目指し，図書館サービスの中での電子書籍の在り方や図書館が所蔵する資料のデジタルアーカイブ化，必要なシステムの在り方を検討することを目指している。

ところが多様なメディアといっても，ある資料が必ずどれかひとつに定まるというものではなく，さまざまに分類される場合がある。たとえば新聞は，一般的には紙に印刷されたメディアである。ところが最近ではデジタル版が同時に発行され，当日の朝刊をタブレットPCでも読むこともできるという，ネットワーク系・デジタル系メディアである。過去の新聞資料を蓄積したものは，これまでは冊子体であったが，今ではネットワークを介して新聞データベースを検索することが主流である。本は印刷メディアであるが，電子化してパッケージ形式で市販されれば（デジタル）パッケージ系メディアであるし，インターネットでダウンロード購入するのであればネットワーク系メディアである。

また，電子化しておくことで，多様なニーズに容易に応えることができる。文章の内容が文字データで保持されていれば，たとえば読み上げ機能を使うことで視覚障害をもつ人に対応できる。拡大表示もできるし，DAISY機能を使用すれば，どの部分を読み進めているかが視覚的にわかりやすく表示することができる。遠隔地や病院など，図書館サービスを提供することがむずかしかった場所にも有効である。

3. 学校図書館における多様なメディアに関する現状

文部省の調査研究協力者会議（1998年）では「今後，司書教諭には，読書指導の充実とあわせ学校における情報教育推進の一翼を担うメディア専門職としての役割を果たしていくことが求められる」としている。

第12章　電子書籍の発展と多様なメディア活用

📖 コラム：電子書籍を支える技術：リフロー方式と日本語組版対応

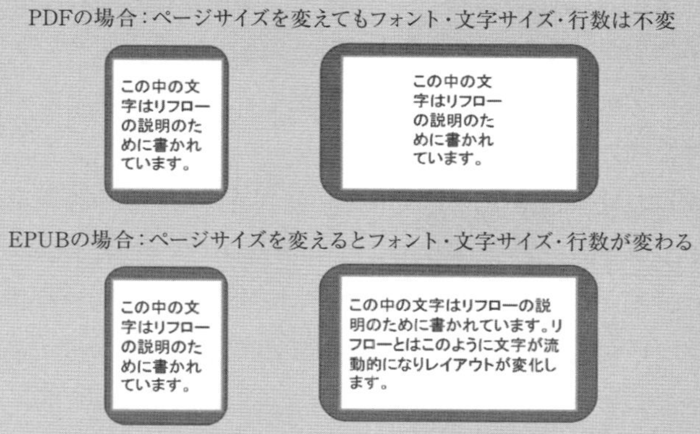

PDFの場合：ページサイズを変えてもフォント・文字サイズ・行数は不変

この中の文字はリフローの説明のために書かれています。

この中の文字はリフローの説明のために書かれています。

EPUBの場合：ページサイズを変えるとフォント・文字サイズ・行数が変わる

この中の文字はリフローの説明のために書かれています。

この中の文字はリフローの説明のために書かれています。リフローとはこのように文字が流動的になりレイアウトが変化します。

図12-3　リフロー方式と非リフロー方式

　文章や写真・図といったものをどのように画面にレイアウトし表示するかについて，電子書籍ではリフロー方式が使われることがある。図12-3に示すようにリフロー方式は，画面サイズやページサイズを変化させたときに，フォント・文字サイズや行数，画像の位置といった文章のレイアウトを流動的に変化させる。非リフロー方式は，画面サイズやページサイズを変化させても，文章のレイアウトは変化しない。文章が主である場合はリフロー方式，雑誌や漫画といったレイアウトを固定する場合には非リフロー方式が一般的である。たとえば，Webのコンテンツで考えてみると，HTMLファイルはリフロー方式，PDFであれば非リフロー方式である。

　日本語組版には，縦中横，圏点，ルビ，行頭禁則など，英語とは違ったルールがある。また，同じ文字のようでも複数の字体があったり，同じ文字コードであってもフォントによって異なった字体となっている場合がある。これまではこうした点が，電子書籍が普及するのを妨げる要因のひとつであった。

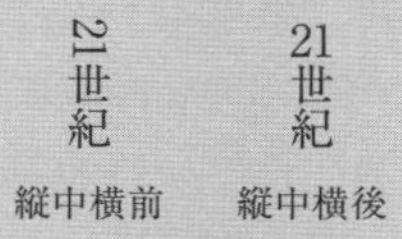

21世紀　21世紀
縦中横前　縦中横後

　しかし，新しい電子書籍フォーマットであるEPUB3ではこれらの点がサポートされ，日本語文章を扱う場合も支障はさほどなくなった。

　しかしながら現状は，全国学校図書館協議会の調査（2012年）によると，学校図書館における図書以外の資料購入費は年間で小学校2.7万円，中学校2.5万円，高等学校32.3万円である。この金額は紙芝居，DVD，CD-ROM等を含んだものであり，多様なメディアに対応しているとはいえない。全国SLAが

2000年に定めた学校図書館メディア基準では、映像資料は最低300タイトル、コンピュータ資料は最低200タイトルの購入が望ましいとされている。これらの基準は電子書籍がごくわずかであった時代に定められたものであり、学校図書館が情報センター機能や読書センター機能を充分に発揮するためには、最低でもこの基準を満たすことが必要である。

学校図書館における児童生徒が使用可能なコンピュータの整備率は、小学校38.7%・中学校35.5%・高等学校69.1%であるが、そのコンピュータがインターネットに接続されている割合は各校種とも85%を超えている状況にある。整備率は高くないが、整備されている学校であれば図書館からインターネットを活用できる、ということである。

図書館業務の担当として多様なメディアの整備および利用・指導にかかわっている司書教諭は少ない。全国学校図書館協議会の調査（2010年）によると、「視聴覚資料の選択」は小学校16.0%・中学校10.6%・高等学校13.4%、「情報検索（CD-ROM、オンライン検索）の指導」は小学校5.1%・中学校1.5%・高等学校13.5%、「コンピュータ及び館内LANの維持・管理」は小学校12.4%・中学校9.1%・高等学校5.8%である。

独立行政法人国立青少年教育振興機構の調査によると、学校図書館に「ビデオテープやDVDなどの視聴覚教材」を配備している学校は小学校22.0%・中学校26.3%・高等学校55.9%、司書教諭の仕事として「メディア収集方針を立てる」は小学校29.0%・中学校30.7%高等学校56.8%、調べ学習の支援の際に「児童生徒に情報メディアを活用した学び方の指導を実施」している司書教諭は小学校17.6%・中学校21.5%高等学校21.8%である。

司書教諭資格を取得する際には「情報メディアの活用」という内容を履修するはずであるが、このような状況である。

4. 日本における多様なメディア環境を用いた教育実践

政府は、2020年までにすべての小中学校の全児童生徒に情報端末を配布する

第12章　電子書籍の発展と多様なメディア活用

ことを目標としており，総務省「フューチャースクール推進事業」と文部科学省「学びのイノベーション事業」を連動させ，児童生徒一人一台のタブレットPC環境・無線LANや電子黒板等が整備された環境において，デジタル教科書・デジタル教材を活用した教育効果の検証や指導方法の活用など，ICTをフルに活用した教育に関する実証実験を，小学校10校・中学校8校・特別支援学校2校で行ってきている。電子書籍に関連するものとして，導入されたタブレットPCの仕様は，画面サイズは9.7型〜12.1型，重量は0.6キロ〜1.89キロ，基本ソフト（OS）はAndroid・Windows7・iOS（iPad2），駆動時間は4.5時間〜10時間，形状はスレート型・コンバーチブル型と幅がある。

　読書活動に関連した実践では，物語を基に作成された映像を見ながら物語のイメージをつかむ，作文を子ども達同士でお互いに添削し合うことでより良い文章となるように推敲する，子ども達同士で連歌を創る，漢詩の世界をマルチメディアで表現する，など，朗読活動の支援や協同学習，表現活動といった学習活動が行われている。また，カメラ機能や録音機能を生かし，DST（デジタルストーリーテリング）といった創作活動によって，思考力や表現力を育成する実践も行われている。

　さて，PCを学習等に使用する場合に，子どもの健康に与える影響が懸念されるところではある。視力・筋肉疲労・電磁波などに関して，文部科学省による委託調査（2012年）が行われている。以下にその概略を示す。

① 視力は，目の調整力の高さや1時間程度の授業での使用であれば短期間での影響はないものの，ドライアイの可能性や，長時間の使用や画面に近づくことで一過性の影響の可能性がある，ことが指摘されている。休憩を取って長時間使用しない，画面から距離を保つ，教室の照明環境を整えることなどが配慮すべき事項である。

② 筋肉疲労については，タブレットPCに直接書き込む場合タブレットPCの角度及び厚みによって書きづらさが生じる可能性がある，タブレットPCを机に置いた場合には下向きの姿勢は首の筋力が弱い子どもにとって負担となると指摘されている。

③ 電磁波による影響．現在の情報通信機器等による電磁波はガイドラインで定められた基準を下回るとされており，子どもに対する健康影響はないと考えられている。

以上をまとめると，普通に使用する場合にはおおむね問題はないが長時間の使用は避けるべき，との結果が得られている。

5. 海外における図書館と多様なメディアに関する近年の動向

アメリカには「印刷した本のない高校図書館」も現れている（井上，2011）。2万冊所蔵していた印刷資料をほとんどなくし（全廃ではない），14万冊の電子図書を所蔵し，授業と連動した電子資料と電子図書貸出を核とする学校図書館である。電子図書のほかには，レファレンス・ツール，百科事典，新聞・雑誌記事索引データベースをそろえるとともに，授業や学習で有益なパスファインダーのようなものも整理されている。

また大学図書館では（井上，2012），2010年の調査によると，94％が電子書籍を所蔵しており，平均所蔵タイトル数は33,500であるが，そのうち84％は貸出し不可である。その理由はレファレンス・ツールが多いことや，著作権処理がむずかしいことがいわれている。個人所有や図書館のパソコンで読むのが多く（それぞれ84％・70％），iPadなどで読む割合（22％）は少ない。

公共図書館では，電子書籍貸出しを行っているのが76.3％，電子書籍リーダーを貸し出す図書館は39.1％，利用者がパソコンをもちこんで無線LANに接続可能なのは90.5％である。テキサス州サンアントニオでは，紙の本が一冊もない公共図書館「BiblioTech」が2013年秋に開館予定である。所蔵資料は全て電子化されており，電子書籍リーダーも貸出され，2週間閲覧可能である。館内にはデスクトップパソコン50台ラップトップパソコン25台，タブレットPC25台が用意される。電子書籍は10,000タイトル，貸出用に100台の電子書籍リーダーを準備予定である。

総じて，個人での活用や個人サポートは充実してきているが，電子書籍が既

存の書籍を圧倒しているというわけではないようである。電子書籍リーダーをどのように貸し出すのか，著作権処理の問題がある。他にも個人向けでは書籍よりも安価であるが，貸出しを基本とする図書館向けになると倍以上の価格になる場合や，図書館での貸出し向けには電子書籍を提供しない出版社も現れてきている。貸出しを基礎とする図書館資料の収集に支障をきたしているのである（井上, 2013）。

イギリス National Literacy Trust によって 8 歳から16歳までの34,910人の子どもを対象に行われた調査（2013年）では，子ども達は紙よりもコンピュータやタブレット，電子書籍リーダーでより多く読書していることがわかった。毎日，電子書籍デバイスで読書する割合が39％であるのに対し，紙の書籍を読む割合は28％，電子書籍デバイスを好む割合が52％，紙の本を好む割合は32％であった。およそ40％の子ども達が，自分専用のスマートフォンやタブレットPC を所有している。ただし，電子書籍リーダーで読書する子どものうち，自分のお気に入りの本をもっている割合は59％にとどまった。一方，紙の書籍を読む子どもでは77％だった。また，「読書が好き」と答えた割合は，電子書籍デバイス12％・紙の書籍51％であり，読書に対する志向性では明らかに差がみられる。

この他，ISO/IEC JTC1 SC36 は e ラーニングに関する技術の標準を議論している場である。この SC36 において，現在電子教科書に関する議論 ISO/IEC AWI 18120 が進行中である。学習・教育・訓練に使用する場合に，電子書籍に付加すべき機能としてどのようなものがあるかについて検討が行われている。

6. おわりに

これまでの印刷メディアが中心であった時代は，教師や親が適切な印刷メディアを選んでから，子どもに与えることができた。しかし今日のように，コンピュータや携帯電話からインターネットに簡単に接続できるようになった時代では，子ども達が自分自身で必要な資料を選ぶスキルを身につけていく必要

第4部　読書教育の未来に向けて

がある。あわせて，子どもに対してどのような資料へのアクセスを許容するかという，フィルタリング・ペアレンタルコントロールの知識が教師や親の側には求められる。

注
1）新たなプラットフォーム向け電子書籍市場とは，スマートフォンやタブレット端末向けのアプリストアの電子書籍関連のアプリ（ブック，教育，レファレンス），スマートフォンやタブレット端末等のビューワーアプリ経由で購入する電子書籍，Kindleやこれに類似した電子書籍配信サービス，PC・スマートフォン・電子ブックリーダーなどマルチデバイスで閲覧が可能な電子書籍配信サービス，PSP（PlayStation Portable）やNintendo DSなどゲーム機向け電子書籍配信サービス等，を指す（『電子書籍ビジネス調査報告書2012』より）。
2）「自炊」については，所有者自身が個人的な目的で書籍を裁断してスキャンすることは，著作権法30条1項で「『使用する者が』複製することができる」として認められている。
　　しかし，自炊を所有者に代わって行う，いわゆる自炊代行サービスは複製権（著作権法21条）侵害にあたると可能性があり，出版社と作家・漫画家が自炊代行業者に質問状を送付したり，提訴している状況にある。その一方で，漫画家佐藤秀峰氏は自身のブログの中で「僕の著作は自由に自炊も代行もしてもらって構いません」と，自炊と自炊代行を認めているケースもある。また，自炊代行サービスを行う業者は蔵書電子化に関する業界ルールの策定・普及を目的として，2013年5月に「日本蔵書電子化事業者協会」を立ち上げた。

参考文献
インターネットメディア総合研究所編「電子書籍ビジネス調査報告書2012」
グーテンベルグプロジェクト　http://www.gutenberg.org/
青空文庫　http://www.aozora.gr.jp/
日本ペンクラブ電子文藝館　http://www.japanpen.or.jp/e-bungeikan/
プロジェクト杉田玄白　http://www.genpaku.org/
「書籍の"自炊"代行は複製権侵害」出版社7社と作家122人が業者に質問状
　　http://internet.watch.impress.co.jp/docs/news/20110905_475415.html
東野圭吾さんら作家7名がスキャン代行業者2社を提訴
　　http://ebook.itmedia.co.jp/ebook/articles/1112/20/news100.html
「漫画 on Web」『自炊について』2011年12月22日
　　http://mangaonweb.com/creatorDiarypage.do?cn=1&dn=32817

第12章　電子書籍の発展と多様なメディア活用

日本蔵書電子化事業者協会　http://www.jabda.or.jp/
千代田 Web 図書館　http://weblibrary-chiyoda.com/
楽天「岐阜県関市，電子ブックリーダー『Kobo Touch』を1,250台導入」
　　http://corp.rakuten.co.jp/news/press/2013/0325_03.html
「デジタル・ネットワーク社会における出版物の利活用の推進に関する懇談会報告」
　　http://www.soumu.go.jp/main_content/000075191.pdf　2010
日本電子書籍出版社協会　http://www.ebpaj.jp/
電子書籍図書館推進協議会　http://www.bmehw.org/elpc/index.html
文部省「情報化の進展に対応した初等中等教育における情報教育の推進等に関する調査研究協力者会議最終報告」1998年8月
全国 SLA 研究・調査部「第54回学校読書調査報告」『学校図書館』2008年11月号，12-57ページ
全国学校図書館協議会「学校図書館メディア基準」2000年3月
　　http://www.j-SLA.or.jp/material/kijun/post-37.html
全国学校図書館協議会「司書教諭の現状に関する調査」『学校図書館』2010年3月号，46-54ページ
文部科学省「学校図書館の現状に関する調査」平成24年度版
独立行政法人国立青少年教育振興機構「子どもの読書活動と人材育成に関する調査研究」成果発表会　教員調査ワーキンググループ報告
二村健「デジタル教科書のイメージ」『明星大学教育学部研究紀要創刊号』2011年3月
三菱総合研究所「学びのイノベーション事業（情報通信技術活用実証研究）〔教育の情報化の推進に関する調査研究〕報告書」（文部科学省委託事業），2012年3月
井上靖代「電子学校図書館の登場——アメリカの図書館はいま　53」『みんなの図書館』2011年4月号，64-71ページ
井上靖代「アメリカの大学図書館における電子書籍動向——アメリカの図書館はいま　63」『みんなの図書館』2012年4月号，68-77ページ
井上靖代「図書館の電子書籍貸出をめぐる議論(1)——アメリカの図書館はいま　69」『みんなの図書館』2013年5月号，62-68ページ
Hoffman, Judy, John Carlo Bertot, and Denise M. Davis, Libraries Connect Communities: Public Library Funding & Technology. Access Study 2011-2012. Digital supplement of American Libraries magazine, June 2012. Available at http://viewer.zmags.com/publication/4673a369
BiblioTech to showcase e-book technology.
John W. Gonzalez, Staff Writer, BiblioTech to showcase e-book technology, April 13, 2013. http://www.mysanantonio.com/news/local_news/article/BiblioTech-to-showcase-e-book-technology-4430394.php
National Literacy Trust, Children's on-screen reading overtakes reading in print, 16 May

第 4 部　読書教育の未来に向けて

2013. http://www.literacytrust.org.uk/news/5372_children_s_on-screen_reading_overtakes_reading_in_print

第13章

諸外国の読書教育

1. 台湾の読書教育

(1) 台湾の図書館体制

　台湾の行政区は，5直轄市（台北市，新北市，台中市，台南市，高雄市）と，3省轄市（基隆市，新竹市，嘉義市），その他の14県で構成されている。この市や県の下に，郷，鎮，市，区といった行政単位が設けられている。この行政単位別に見ると，国立の図書館が6館，直轄市の図書館が212館，県や市の図書館が54館設置されており，県や市の下位単位の郷鎮市区にある図書館は248館となっている（2011年11月現在）。館種ごとに見ると，本館が230館，分館・地区図書館などが298館で，全国で521の図書館が設置されている（表13-1）。この

表13-1　台湾の図書館の設置状況

タイプ	本　館	分　館	地区図書館	その他	計
国　立	2	1	0	3	6
直轄市	4	165	39	4	212
県・市	17	6	31	0	54
郷鎮市区	206	32	10	0	248
その他	1	0	0	0	1
計	230	204	80	7	521

出所）Lu Chung-Chiao, "Public Libraries and Reading Promotion," *National Taichung Library*, 2011.11.26より筆者作成。

ように各レベルに配置されている図書館は，それぞれの地区の学校と連携して読書教育を推進している。

(2) 台湾の読書教育政策

台湾の図書館の特徴として，① 資料のデジタル化と遠隔利用サービスを中心としたサービス形態の変化，② グローバル化への対応，③「ローカル化」，④ 利用者本位のサービス展開が挙げられることがある[1]。これらの特徴に加えて，近年では生涯にわたる読書教育が推進されている。

2008年に台湾政府教育部より出された「教育部の助成による読書普及の推進と空間改造計画の事業原則」をみると，生涯にわたって「学習する力」や「読書力」を身につけることが推奨されている。この原則の中では，国民一人当たりの図書館の蔵書冊数，年間読書冊数，図書館利用証の登録率，貸出率についての数値目標が掲げられている。

この原則に基づいて制定された「教育部の助成に基づく公共図書館の読書活動の推進と蔵書充実のための助成計画」(2010年)では，公共図書館における読書活動の推進と蔵書の充実を目的として，直轄市（台北市政府教育局，高雄市政府文化局）や，各市・各県の政府に補助金が支出されることとなった。

この計画の一環として，2010年に策定された「ブックスタート　0～3歳の乳幼児の読書活動推進計画」では，各直轄市・各県の政府がブックスタートの活動の企画を行い，その計画や活動内容を国立中央図書館台湾分館に報告することを求めている。さらに各図書館に対して，ブックスタートの活動を実施し，その内容を各市・各県の政府に報告することも求めている。

ブックスタートの実施に当たっては，各市・各県において6つの図書館を選定し，経費補助を行うことになっている。この補助金の上限額については，ブックスタートパックや活動運営費，特区建設費など項目別に定められている。たとえば，ブックスタートパックの制作については，パックひとつ当たり約300円，計300個までと補助金の上限額が定められている。さらにこの計画の実施に向けて，行政職員，図書館職員に対する研修が国立中央図書館台湾分館に

第13章　諸外国の読書教育

て行われている。図書館職員に対しては，乳幼児の発達や，乳幼児用の書籍の選定，そして乳幼児の読書への関わり方について，行政職員に対しては，乳幼児の読書に対する心構え，ストーリーテリングの技法やそのためのツールについての講義が，それぞれ2時間ずつ行われることとなっている。

このブックスタート事業に加えて，「公共図書館と学校との読書ネットワークの構築に関わる計画」や，「多様な読書と図書館の蔵書充実のための計画」も実施されている。「公共図書館と学校との読書ネットワークの構築に関わる計画」は，郷鎮市区を基礎単位として，公共図書館と学校とのネットワーク化を図る事業である。具体的な事業内容は，学校と図書館とが協力した読書活動の企画，学校のカリキュラムに基づく蔵書の充実，図書館とボランティアが協働した読み聞かせなどである。一方，「多様な読書と図書館の蔵書充実のための計画」は，市・県を単位とした，優良図書の推薦や蔵書の充実を図るための事業で，各自治体の図書館数に応じて政府からの補助額は異なる。

(3) 台北市立図書館の取り組み[2]

次に，公共図書館での読書教育の取り組みの例として，台北市立図書館の活動をみることとしたい。同図書館では2004年に，社会の変化と市民の読書に関するニーズの増加に応じて，「台北市立図書館における2005-2010方策計画」を策定している。2011年度からも引き続き，「台北市立図書館における2011-2015方策計画」を実施している。この計画では8つの目標と，それぞれに対応する方策，具体的な行動目標が掲げられている。

同市の図書館体制をみると，本館1館の他に，分館42館とその数が多いことが特徴で，各分館の活動も活発である。各分館は，美術，漫画，歴史，法律，教育，音楽など蔵書の構成に特徴をもち，本館と有機的に連動して活動を行っている。この他に，分館より小規模な閲覧室が11館，空港や百貨店内に置かれるインテリジェンス・ライブラリーという無人図書館が4館存在する。

図書館の年間予算は1千万円程度となっている。主な資料として，書籍600万冊，非図書資料30万点などを備えている。職員数は2011年度時点で約400名，

第４部　読書教育の未来に向けて

写真13-1　ブックスタートパック　　　写真13-2　乳幼児用の専用利用証

そのうち７割が司書，３割が行政職員である。本館には，このうち約100名が勤務している。市内で活動する図書館ボランティアは約1,400名であり，このうち読み聞かせの担当が，200〜300名程度となっている。

　台北市立図書館の読書教育の取り組みとして代表的なものが，前述したブックスタート事業である。同図書館では，2006年９月より市独自の試みとしてブックスタートを推進し，台湾政府の取り組みとなって以降はその計画に沿った形で活動を進めている。具体的には，全ての子どもたちに対して読書を行う環境を提供するために，同市を本籍地とし，生後６〜18カ月，18〜36カ月の乳幼児をもつ家庭を対象として，ブックスタートパック（本２冊と推薦図書リスト，読書の手引きのセット，写真参照）を無償で配布している。

　このブックスタートの普及のために，「乳幼児の父母向けの学習講座」が毎週実施されている。この講座は，ブックスタートパックに含まれる絵本の内容や，読書の手引き，推薦図書リストについて解説を行うもので，講座修了後にパックが手渡される形を採っている。この他に乳幼児を対象として，①専用の利用証（写真参照）の発行，②乳幼児の読書の専門家，発達心理学者，小児科医らが共同して行う良書の選定，③読み聞かせなども行われている。この他の読書教育の取り組みとしては，以下のようなものが挙げられる。

　① 小学生向けのブックリストの制作：小学校の低・中・高学年それぞれに

対して推薦図書のリストを毎年作成している。このリストは，ネット上で公開され，他市・他県でも参照されている。
② 児童への読み聞かせ：20年程前から，毎週土曜日に市内の全分館で読み聞かせボランティアにより実施されている。これとは別に，英語での読み聞かせも日曜日の朝に市内の約半数の分館で実施されている。英語での読み聞かせの対象は6～12歳の児童で，保護者も参加する形を採っている。
③ 図書館教育：小学生を対象として，学校の夏休みや冬休みの宿題で，学習の単元ごとに図書館を利用するように促している。また，「小博士（Kids Scholar）」という取り組みでは，毎週，各分館で質問を出し，正解者を表彰することで，図書館の利用率を高めることを試みている。
④ ブッククラブ：保護者と子どもが一緒に本を読む活動のことを指す。主たる対象は小学生で，分館の部屋を借り保護者が自主的に運営する形を採っており，現在市内には80ほどのクラブが存在する。

(4) 台北市内の小学校の取り組み—新湖国民小学校を中心に—[3]

台北市では，各小学校でも読書教育に関して熱心な取り組みを展開している。同市政府教育局では，「台北市国民小学校における児童読書活動の推進の4カ年（2011-2014年度）計画」に基づき，小学校での読書教育を進めている。この計画は，すでに10年以上にわたって実施されているもので，現在3期目に当たる。2000～2006年度は学校・家庭・地域の連携，2007～2010年度は美術や音楽，演劇といったテーマを設けて，読書教育を推進してきた。

今期の目標は，① 多様な読書教育の展開，② 教員の読書教育の力量・資質の向上，③ 読書教育に関する資源の充実・プラットフォームの形成，④ 生涯学習の習慣の形成である。この取り組みを推進するために，同市政府教育局に「台北市国民小学校における児童の読書推進委員会」が設置されている。この委員会は，「行政計画班」「研究推進班」「活動普及班」「資源・サービス班」の4つの班に分かれている。各班のメンバーは，関連部局の主任と，各学校の代表から構成され，それぞれ表13-2に示した活動を行っている。「行政計画班」

表13-2　台北市政府教育局と小学校の読書教育の推進体制

班	役割分担		担当学校
行政計画班	(1)	児童の充実した読書に関する4カ年計画の策定	新湖国民小学校 東湖国民小学校
	(2)	学校の読書に関する図書基準の策定、学校の図書資料の充実	
	(3)	読書に関する研究の計画と組織	
	(4)	児童の読書に関する指標の開発、訪問・視察の実施	
	(5)	班による地域図書館への訪問	
	(6)	読書に関する統計データの分析	
研究推進班	(1)	読書指導・教育に関する映像やパンフレットの制作	明徳国民小学校 福林国民小学校 逸仙国民小学校
	(2)	各学校の教員に対する読書指導の方法の普及	
	(3)	学校間で、読書教育の様子を見学・共有する機会の設定	
	(4)	児童・生徒の読書活動の評価	
	(5)	各段階における生徒の読書能力の指標の統合	
	(6)	児童・生徒が新聞を読むことの推進	
活動普及班	(1)	多元的・革新的な読書活動の促進	吉林国民小学校 西園国民小学校 河堤国民小学校
	(2)	恒常的なメディアを通じた広報活動の実施	
	(3)	学校における読書や関連する活動への協力	
	(4)	年度ごとの読書活動のテーマの設定	
資源・ サービス班	(1)	児童の読書ネットワークの構築・運営	明湖国民小学校 実践国民小学校
	(2)	読書情報の体系化と情報の共有	
	(3)	ネット上でのレファレンス・サービスの提供	
	(4)	デジタル化された情報の発信	

出所）台北市政府教育局「台北市国民小学校における児童読書活動の推進の4カ年（2011-2014年度）計画」2011, 2ページの表を転載。訳は筆者による。

では、読書に関する計画や組織の整備、指標の開発やデータの分析を行い、「研究推進班」では読書教育の方法の開発や普及を、「活動普及班」では読書に関する広報活動や学校での読書教育の支援を、「資源・サービス班」ではインターネットを用いたサービスの開発などを行っている。

　この中の「行政計画班」に属する新湖国民小学校では、児童の読書を推進するための計画と、「読書カリキュラム」を策定している。このカリキュラムは、

第13章　諸外国の読書教育

「朝の読書活動」「図書館利用教育」「読書成果」「物語に関する劇」「読書のカリキュラム」「アイディアの共有」という6つの柱で構成される（図13-1参照）。このカリキュラムに基づき，以下に示すさまざまな方法で児童の読書意欲を高めるための試みが行われている。このうち幾つかの取り組みについては，児童への表彰も行われている。たとえば，児童のストーリーテリングで優秀賞を受賞した作品については，専用のホームページ上で動画が公開されている。

---

(1) 読書感想文：図書を読んだ感想や，台北市の読書教育に関する感想をまとめる活動。
(2) 児童のストーリーテリング：「小さな読書人」と呼ばれる活動。クラスごとに優秀者1名を選出し，さらに学年で最優秀者を選ぶ。
(3) 読書王：全校で貸出冊数，読書冊数が多い児童を表彰する。
(4) 読書記録：所定の用紙に，図書名など読んだ本の内容を記録する。
(5) 作文の投稿
(6) 親子の物語作り：既存のストーリーを改編したり，新しいストーリーを制作する活動。夏休みや冬休みに行われる。
(7) 読書メモ：自由な形式で読書の感想を書く活動。
(8) 図書館利用教育：低学年の児童には1月に1回，職員とボランティアが教育を実施。中学年以上は読書の授業の中に組み込む形を採る。
(9) 英語で書かれた図書の読解

これらの読書教育の成果をみるための基準として，1～3学年，4～6学年という2つの段階に分けて，児童に求める能力指標を定めている。この指標では，読書に関する関心や態度，習慣の育成，読書のスピードの向上，読書内容についての他の児童との議論といったさまざまな項目が挙げられている。

　読書教育の成果として，成績上位・下位の児童への影響はまだ小さいものの，中程度の学力の児童の学力は向上しているとされる。また，読書教育の課題として，① 教員の読書教育の専門能力の向上と，② 児童の読書能力の向上という2点が挙げられており，今後の展望として，① 読書に関する能力指標の作

第 4 部　読書教育の未来に向けて

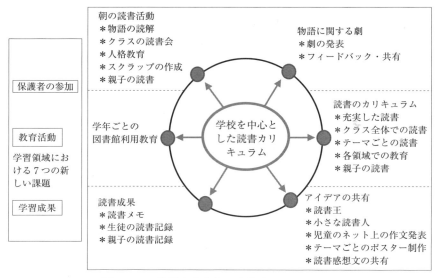

図13-1　学校を中心とした読書カリキュラム

出所）台北市新湖国民小学校「台北市内湖区新湖国民小学校の学校を中心とした読書カリキュラムと実施計画」（2011年11月28日のインタビュー時配布資料）を転載。訳は筆者による。

成と，②読書教育を専門とした教員の養成の 2 点が示されている。

(5) 台湾の読書教育の特徴

　台湾では，他の国々と比較して読書環境が充実しておらず，国民の読書に対する取り組みも低調であると考えられている。このため，生涯にわたる読書の推進と，幼児期からの読書教育に重点を置いた政策を実施している。具体的には，台湾政府教育部の立てた計画のもと，市・県の政府が窓口となり，各図書館に補助がなされる形で読書教育が推進されている。

　今回中心的に紹介した台北市では，市政府教育局と市内の国民学校との間で，読書教育に関する組織を設立し，4 つの班に分かれて読書教育の活動を進めている。ここで開発されたさまざまな読書教育の手法や，児童・生徒の能力評価のための指標は，今後，他市・他県にも普及していくものと予測される。

第13章　諸外国の読書教育

2. ドイツの読書教育

　ドイツは，ゲーテやヘルマン・ヘッセ，ミヒャエル・エンデなどの著名な作家を輩出した，文化・芸術の国として知られている。

　ドイツは，独立性の高い16の州で構成される連邦国家である。文化や教育的な事柄については，それぞれの州の特色を尊重する「文化高権」の伝統によって，各州政府の専権事項と位置づけられており，ドイツの多彩な文化的発展の根拠となっている。

　しかし，グローバル化や近年のデジタルメディアの台頭，OECDが実施した15歳児に対する国際学力調査（PISA2000）での読解力成績の社会問題化[4]を契機として，ドイツでの図書館事情は大きく変化している。近年，ドイツでは，学校と図書館との協働がクローズアップされている。

　本稿では，そのように変化の途上にある最近のドイツの状況と参考となる事例を紹介したい。

(1) ドイツの読書環境

　連邦レベルの図書館として，連邦首相府内文化担当局（BKM）が主務官庁のドイツ国立図書館がある。ドイツ国立図書館は，旧東ドイツ国立図書館を継承したライプツィヒ館（ザクセン州）と旧西ドイツ時代の国立図書館を継承したフランクフルト・アム・マイン館（ヘッセン州）並びに音楽資料のベルリン館（ベルリン特別市）という三館体制で運営されている（2006年設立）。

　中央専門図書館としては，応用科学分野の文献提供を専門とする，技術情報図書館（TIB, ハノーファー），ドイツ医学中央図書館（ZBMED, ケルン），経済学専門図書館（ZBW, キール）の3館がある。

　また，2009年に閣議決定したドイツデジタル図書館（DDB）のβ版[5]が，2012年11月に公開されており，欧州委員会が2008年11月に公開した電子図書館ポータルサイトEUROPEANAへコンテンツ提供を行なっている。

第4部　読書教育の未来に向けて

表13-3　公立図書館数（2013年）

単位：館

区分	図書館数
地域行政府立の図書館	5,149
プロテスタント教会立図書館	795
カトリック教会立図書館	3,422
その他の経営母体の図書館	90
計	9,456

表13-4　専門図書館数（2013年）

単位：館

区分	図書館数
国立／中央　専門図書館	7
地方図書館	34
総合大学図書館	423
専門大学図書館	261
計	725

出所）Deutschen Bibliotheksstatistik[6]

　州政府レベルでは，州立図書館，大学図書館（総合大学，専門大学，その他の大学），教会等の運営による公共図書館等がある。一部の学術図書館は，州の教育法の中で規定されている。しかし，一般の公共図書館に関しては，法律が存在せず，図書館業務はあくまでも任意の業務と位置づけられていた。

　しかし，2006年の国立図書館法の施行や，合理的な図書館システムを望む連邦政府からの要請により，読書協会が諸外国の図書館法を研究し，提示した図書館法案を基に，半数の州が「図書館法」制定に着手している[7]。

(2) **読書能力の促進に向けて**

　BMBFの報告書[8]によると，ドイツの読書力向上への対応への検討は，OECDが2000年に実施した15歳児を対象とする国際学力調査（OECD/PISA2000）での不本意な結果を契機として始まった。読解力は，数的リテラシーを含むあらゆるスキルの基となり，社会参加を促進するための鍵となるスキルといえる。低い読解力でキャリアを開始した場合の損失は極めて大きい。PISA結果の分析によって，ドイツでは，他国と比べて，成績の低い生徒の割合が多く，特に，移民の背景をもつ子どもへの支援が必要であることが示唆されている（たとえば，移民の割合が同程度のスウェーデンと比較した場合，スウェーデンのほうが，移民の背景をもつ子どもの成績が高く，社会的にも受け入れられているということが明らかになっている。）。

第13章　諸外国の読書教育

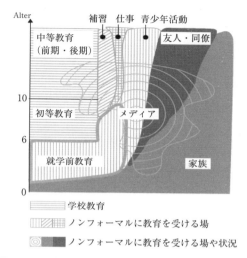

図13-2　青少年を取り巻く多様な学習機会と場所
出所）BMBF, Förderung von Lesekompetenz-Expertise, 2007.

　子どもの言語は，親の言語能力の影響を強く受けることで知られている。主に移民の背景をもつ子どもの学力改善のために，家庭教育以外での多様な読書機会の提供が試みられている。

(3) 読書クラブ

　連邦全域で実施されている事業として，連邦教育研究省（BMBF）からの資金提供によって，読書基金が実施する「読書クラブ」活動がある。この活動は，6歳〜12歳で，移民の背景をもつなど，読書の楽しみをなかなか深めることができない子どもに対して実施される試みである。自分の好きな本について読み聞かせや，紹介を行い，その後，感じたことなどについて全体で討議を行いながら，読書の楽しみや，その本に関して理解を深めることを目的にしている。2013〜2017年の間にドイツ連邦全域で，200団体の「読書クラブ」の結成を予定している。

　たとえば，ブレーメン州の Auf der Hohwisch グルンドシューレでは，1週

第4部 読書教育の未来に向けて

©Stiftung Lesen

写真13-3　Auf der Hohwish グルンドシューレの「読書クラブ」の様子

間に1度，授業時間の2時間〜4時間分（授業時間1時間は45分間）続けて「読書クラブ」に充てている。リラックスをして集中できるような静かな音楽や瞑想などの誘導に続いて，読書をし，感想を発表しあったり，PCで読んだ本に関するメディア教材を利用したり，歌・ダンスをしたりし，総合的に理解を深めることが実現している。

(4) 州の取り組み（ヘッセン州の場合）

　2001年に開催された各州文部大臣会合（KMK）では，今後の学力向上支援策として，就学前段階の会話力，移民の背景をもつ子どもへの支援，学校内外を通じた多様な学習機会の提供等が決議され，各州での取り組みが独自に行われている。

　ここでは，ヘッセン州の事例を紹介したい。ヘッセン州は，ドイツの中央部に位置し，ヴィースバーデンを州都とするドイツで5番目に大きい州である。ヘッセン州最大の都市であるフランクフルトは，欧州中央銀行，ドイツ連邦銀行，フランクフルト証券取引所が立地する金融都市である。その一方で，世界最大の書籍の見本市である，「フランクフルト・ブックフェア」の開催地であることでも有名である。このブックフェアは，毎年10月半ばに開催される。世界中の出版関係者のみならず，図書館や学校関係者，著者，イラストレーター，

音楽業界や映画業界などのマルチメディア業者が集まり、書籍やソフトウェアを発表する、本とマルチメディアのフェアである。例年、150カ国から約30万人が参加している[9]。

このように、読書への関わりの深いヘッセン州は、2008年にドイツで2番めに早く州法としての「図書館法」を制定している。「図書館法」はヘッセン州内にある大学図書館、公立図書館、学校図書館に関して定めている（第1条）。図書館を、学校教育及び生涯学習のために用いられる教育機関として位置づけ（第2条）、図書館間の相互協力を促している。

ヘッセン州では、優良図書館の表彰を行なう「ヘッセン州図書館表彰」や「ヘッセン州読書促進賞」、ヘッセン州とチューリンゲン州と合同で、同地域在住の16歳〜25歳の著作物に関して行う「ヘッセン・チューリンゲン青少年文学賞」等の施策を講じて読書を促進している。

(5) 学校の読書教育

多様な学習機会や場面を活用した読書の促進方策として、ここでは、ベルリン市内にあるトレプト＝ケーペニック区と、ベルリン・ブランデンブルグ首都圏の取り組みを紹介したい。

2013年現在のベルリン市内での学校図書館の普及率は、基幹学校38.3％、ギムナジウム33.3％、総合学校（Integrirte Sekundarschule）24.8％である[10]。全学校に学校図書館が整備されているというには程遠い。この理由として、ドイツでは、学校図書館の設置が必須ではないということが挙げられる。市立図書館の分館という位置づけで学校に図書室が併設されている場合は、市立図書館からの派遣職員が常駐する事になっている。学校図書室が設置されている場合には、昼休みや放課後にのみ、空き時間の教員や親が、ボランティアで運営を行なっている。日本のように、司書教諭の養成が行われているわけではない。

このような状況の中、ベルリン特別市南東部に位置するトレプト＝ケーペニック区では、学校図書館の管理運営に関して、トレプト＝ケーペニック区の学校庁が「学校図書館連盟」に外部事業委託契約を締結することでサービスの

第４部　読書教育の未来に向けて

向上が図られている[11]。事業委託によって区内の約50校への学校図書室の整備が可能となった。終日，専門職員が学校図書館に常駐する事で，読み聞かせなどの子どもへの読書教育や，学校図書館連盟に加盟する学校同士での書籍相互貸借が可能となっている。

　また，ベルリン・ブランデンブルグ首都圏では，この地域の教育水準の標準化の為に2007年に，実施機関として「ベルリン・ブランデンブルグ地域における学校とメディアに関する州立機関（LISUM）」[12]を設立している。LISUMは，地域内の教育情報共有やカリキュラム開発の協力を行うとともに教育に関するポータルサイト「教育サーバ」を整備し，多様な学習機会の提案を行ったり，優秀図書館表彰を行っている。

　「教育サーバ」の中では，授業改善の試みとして，読書の多様な活用アイディアが提案されている。たとえば，「読書カリキュラム樹形図」[13]をみると，学級内，学校内，その他の学習機会という３つの場面毎に，取り入れると効果的な具体的な読書教育事例を検索することができる。たとえば，学校図書館での読書教育について情報を得たい場合には，学校図書館の枠をクリックすると「読書の国」及び「情報実験室」という具体的なプロジェクトの概略が記載されたページへと飛ぶことが出来る。

　「読書の国」プロジェクトは，ベルリン・クロイツベルグ地域のルノーグルンドシューレ付属図書館で行っている読書促進プロジェクトで，2011年にベルリン学校図書館表彰を受賞している。このプロジェクトでは，教員，指導員，ボランティアの読書メンター等の異なる専門職の大人が常駐して，月曜日以外の毎日13時～15時の間，火曜日～金曜日の中で，15人の生徒につき30分～１時間，読書に関する多様なイベント（メルヘンの時間，映画の時間，アドベンチャー・ミステリーの時間　等）を行う。また，幼少期から図書館が親しみのある場所として慣れ親しむことを目的とした，母親と幼児同伴の茶話会も，図書館内で開催している。

第13章　諸外国の読書教育

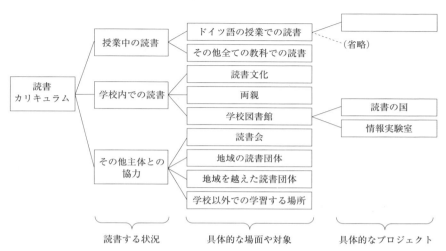

ポータルサイトに掲載されている「読書カリキュラム樹形図」。それぞれの枠をクリックすると，関係するHPが開き，実施例などの具体例を知る事ができる。

図13-3　読書カリキュラム樹形図[13]

図書室内に小型船が設置してあり，中で自由に読書ができる。

写真13-4　ルノーグルンドドシューレ「読書の国」[13]

203

(6) まとめにかえて

　本節では，まず，連邦及び各州の読書環境について概観した後，読書基金による「読書クラブ」活動，連邦，各州，学校での実践例について紹介した。多様な社会的背景にある子ども達が，幼年期から読書のスキルを自然に伸ばす事ができるような対策が講じられていることが明らかになった。また，学校内外の構成員，地域，家族等多様な機会を念頭に置いて提供を模索している現状が明らかになった。

　グローバル化・IT化の進展に伴い多様化する現代的課題の解決は，どの国も避けられない。ドイツは，読書力をスキルとして捉え，歴史的に豊かな文化的土壌を巧みに利用して，総合的で計画的に対処しているという点で，参考とできる観点は多いのではないだろうか。

3. 北欧の読書教育―福祉と自由と平等を目指す豊かな教育―

　北欧諸国を舞台にした児童文学作品は，アンデルセン童話をはじめ，『ムーミン』や『長くつ下のピッピ』で知られるとおり，日本においても広く親しまれてきている。数々の物語が生み出される背景には，読書活動が人びとの生活の一部として位置づけられていることに加え，歴史的にも読書を通じて学び合う文化が定着しているものと考えられる。また，短くて明るい夏，そして，長くて暗い冬という他国には例を見ない自然豊かな気候や風土も，人びとが暮らしの中で本に親しむ要因であるのかもしれない。しかし，現実には経済危機や失業，雇用問題への対策，増加する移民への対応等，北欧諸国はさまざまな難題を抱えている。そのような状況の中で，公共図書館は図書の貸し出し業務のみならず，広く人びとを対象にさまざまな情報や生活上の支援を提供する現代的ニーズを担った文化施設と化している。

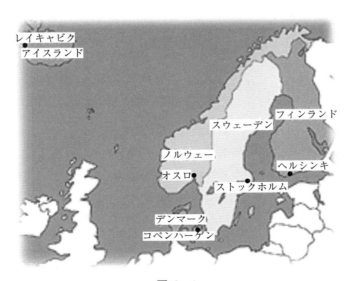

図13-4

第 4 部　読書教育の未来に向けて

　本節では，スウェーデン，デンマーク，フィンランドにおける公共図書館をめぐる取り組みを概観しつつ，世界的な IT 立国として，また，OECD（経済協力開発機構）による PISA（学習到達度調査）においても高水準を誇るフィンランドの国語教育に注目し，今日の北欧諸国の読書教育の課題を提示する。

(1) 北欧諸国における図書館事情

　北欧諸国の充実した社会保障制度は世界的にも有名だが，人びとが必要とするさまざまな情報のアクセスポイントとして，公共図書館の役割が際立っていることは，あまり知られてはいない。立派な建物や施設環境は幼い子どもから高齢者だけでなく，障害のある人びとの他に，近年では，急増する移民，難民への支援サービスも図書館を拠点に行われている。その充実したサービスからも，北欧諸国の図書館利用率は極めて高い。本節では，スウェーデン，デンマーク，フィンランドを中心に公共図書館の取り組みについて概観する。

1) スウェーデン

　スウェーデンの公共図書館の源流は，1800年代の半ばに活発になった各種の国民運動にみられる。スウェーデンは伝統的に生涯学習活動が盛んな国として知られているが，もともとは，生活の中の課題を改善していこうとする民衆による自主学習サークルの活動が発端である。自主学習サークルはその後に民衆大学などに発展していくが，サークルが誕生した時，真っ先に人びとが取り組んだのが読書活動であり，今日の公共図書館の源流となっている（小林ソーデルマン・吉田・和気，2012，10-13ページ）。

　しかし，北欧諸国の中ではスウェーデンのみ，国としての図書館政策を有しておらず，図書館活動は主としてコミューン（自治市）の責任で運営されている。全国共通の規定と言えば，1996年に制定された図書館法である（2005年に改正）。

　ストックホルム市立図書館国際図書館の小林ソーデルマン（2008）によれば，スウェーデン社会が現在直面している問題は，とりわけ，障害者や移民の他，

206

第13章　諸外国の読書教育

少数民族へのサービスと，図書館間協力による運営体制の強化にある。具体的な事例として，北スウェーデンのウーメオ地域の図書館共同プロジェクト"Bibliotek 2007"（2007年欧州公共部門賞（European Public Sector Award：EPSA）を受賞）における成果を紹介している。ウーメオ地域では，共通のコンピュータシステムを導入したことから，地域住民が自由に蔵書にアクセスできるようになったことや，身体・視覚障害者等に配慮した機能が備えられた。特に，図書館サービスがIT化されることで，①外出することなく，本の貸出，予約，購入をはじめ，図書館のサイトから電子書籍，音楽や映画をダウンロードすることが可能となったこと。②本の評価，感想をウェブサイトに投稿し，ウェブ上でのグループ議論や読書サークルを開始できるようになったこと。③ウェブサイトを人工音声で読み上げ，コンピュータや電話で利用可能としたことで，視覚障害者にも対応可能な仕組みが成立したこと，である。現在，スウェーデンの全ての公共施設は建物・装置のバリアフリー対応を義務付けられていることを考慮すれば，先駆的な事例であったといえる。

　次に難民や少数民族に対する図書館サービスの課題である。スウェーデンには移民に関する明確な統計がなく，一般的な国勢調査は行われていない。その理由は，スウェーデン政府が人種に基づいた統計を一切行わないからである。しかしながら，移民の国籍については記録されており，外国にルーツをもつ者（外国生まれの者，また移民の子ども）はスウェーデン人口（約956万人）のおよそ20％にあたる。そのうちの約70％が，北欧またはその他ヨーロッパの国出身である（http://www.mofa.go.jp/mofaj/area/sweden/data.html，2013年12月21日参照）。2009年には年間の移民の数は過去最高に達し，大半は中東や南米からの移民やその家族の呼び寄せが占めている。2013年9月にはシリアの争乱からスウェーデンへの亡命希望者全員を受け入れている（*AFPBB News．*2013年9月4日）。スウェーデン政府は，増え続ける移民への対策に図書館の社会的役割を活用している。なぜなら，図書館法は移民や難民に対しスウェーデン語以外の言語で資料を提供することを義務付けており，スウェーデン語を母語としない人びとにも広く平等に図書館サービスを提供し，彼らのスウェーデン社会への

207

第4部　読書教育の未来に向けて

社会参加を促進しているのである。

このことは、「図書館は社会の鏡である」（小林ソーデルマン他、2012）と位置づけられるように、スウェーデン社会が追求する生涯学習活動の充実や福祉社会としての実践として、人びとが暮らしやすい社会の創造が図書館を軸にしながら目指されている。

2）デンマーク

デンマークは図書館ネットワークが最も発達した国のひとつにあげられるが、近代的な公共図書館制度が成立したのは、19世紀後半から20世紀初頭にかけてである。

デンマークの公共図書館の大きな特徴は、第一に、住民の生涯学習支援を図書館の存在理念として掲げ、すべての住民が平等に情報にアクセスすることを目標としている点にある。第二の特徴は、公共図書館が、公的サービスとして社会の中に位置づけられている点にある。グルントヴィの教育思想[14]を基盤に、デンマーク政府が生涯学習のための環境整備に取り組んできたことも関係している。第三には、1920年に制定された図書館法が定期的に改正されながらも、同法に厳密に沿って活動が展開されている点があげられる。社会の変化に合わせて図書館サービスを展開していくための重要なガイドラインに図書館法

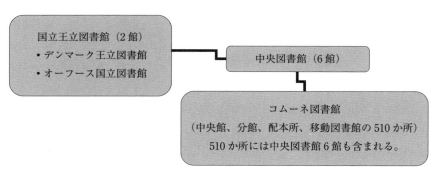

図13-5　デンマークの公共図書館システム

出所）吉田右子『デンマークのにぎやかな公共図書館』新評論、2010、30ページより筆者作成。

第13章　諸外国の読書教育

がなっているのである（吉田，2010，55-56ページ）。

　しかし，インターネットの普及により，公共図書館に対する情報要求は相対的に減少している。吉田（2010）によれば，図書館の生涯学習センターとしての機能に再び着目し，学習機能を強化することで図書館の新しい役割が模索されている。以下，いくつかの公共図書館における実践例が紹介されている。

① **オーフース中央図書館分館の雇用促進サービスと地域住民参加型プロジェクト**

　デンマーク第2の都市オーフースにある大規模図書館の取り組みは，2004年，ビル・アンド・メリンダ・ゲイツ財団の「学習へのアクセス賞」（Bill & Melinda Gates Foundation Access to Learning Award 2004）を受賞するに至った。それは，分館であるゲレロプ図書館における移民の雇用促進のための活動である。周辺に移民が多く住むゲレロプ分館では，移民への情報技術のスキルアップのための支援活動に加え，「職業コーナー」を設け，雇用促進のための積極的なサポートを行ってきた。

　また，ゲレロプ図書館と同じく分館であるハスレ図書館では，公共サービスの向上と住民の社会参加を目標とするプロジェクトCCG（Community Center Gellerup）を展開してきた。このプロジェクトは，図書館司書とボランティアと住民の協働を強調している点でユニークな活動といえる。地域の社会活動とのネットワークの構築を目指すとともに，図書館がボランティアセンターなどと連携して，学習支援や情報技術の取得におけるインフォーマルな学習の場を提供している。また住民の生活支援活動として保健管理士，歯科衛生士，助産師を分館に常駐させて無料の健康相談を行っていることも特筆に値する。ゲレ

表13-5　「オーフース公共図書館の図書館政策　2006-2009」

①メディアを通じた知識と経験の提供　②生涯学習支援　③情報への平等かつ無料アクセスの確保　④デンマーク語も含めた文化遺産の保存と伝承　⑤マジョリティとマイノリティの統合⑥児童の成長の支援　⑦コミュニティの他機関との連携　⑧最新の情報技術に基づく図書館サービスの進展　⑨図書館サービスの質・時事性・多様性の確保　⑩図書館サービスの継続性，公開性，アクセシビリティ

出所）吉田，2008より，筆者作成。

第4部　読書教育の未来に向けて

ロブ図書館の周辺地域は，デンマーク国内でも出生率が高いため，妊産婦のカウンセリング業務も図書館内で行っている。また，イスラーム系住民も多いため，アラビア語にも対応している。

図書館で行われるプログラムは，一般には図書館の司書による企画であるが，このような地域住民のニーズに考慮した，住民の参加型プログラムはかなりめずらしいものである。(吉田, 2010, 157-160ページ)「オーフース公共図書館の図書館政策2006-2009」の項目からは，公共図書館がすべての人びとに学習の機会や生活に必要な情報を提供していこうとする姿がうかがえる。

② **公共図書館と学校図書館との連携強化**

学校図書館は，就学した子どもたちが学校教育を通じて接する学習の場であり，主として学習のための資料，教材を提供する空間となっている。一方，公共図書館は，子ども達の背丈にふさわしい机や椅子，安全面に配慮されたきれいな色彩の家具が配備されており，子ども達にとって，たくさん本が読みたくなるような児童室が設けられている。デンマークの小学校では，学校の授業で

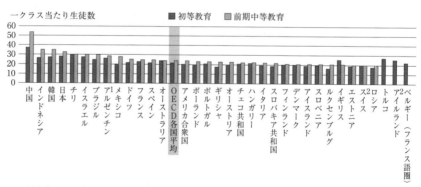

1　調査年は2010年ではなく2009年。
2　国公立教育機関のみ
左から順に，前期中等教育の平均学級規模が大きい国。
資料：OECD，アルゼンチン，中国，インドネシアはユネスコ統計研究所 (世界教育指標プログラム)。
表D21, 付録3の注を参照 (www.oecd.org/edu/eag2012)。

図13-6　初等・前期中等教育の学級規模

出所）OCED編『図表でみる教育（OECDインディケーター2012年版）』明石書店，2012。

第13章 諸外国の読書教育

頻繁に公共図書館を訪問し，読書の機会を楽しむこととなっている。

その理由には，1学級の児童数が少なく，約20人程度であることも要因となっている（図13-6参照）。少人数ゆえに，教師と子どもたちのコミュニケーションは深まるが，子どもたちが習得すべき情報量については乏しくなることが懸念される。そのため，子どもたちは，学校図書館とは異なる規模の公共図書館で読書活動の幅を拡げていくことや，公共図書館には学校図書館とは異なる多様なニーズが存在していることを理解していくことにもなる。特に，今日の図書館サービスはコンピュータを中心に行われているため，子どもたちは，図書館という空間で，コンピュータの操作やその他の活動の目的を把握していくことになる。

③ **移民や難民の子どもへの学習支援：宿題カフェプロジェクト**

ここ数年，デンマークの図書館は，移民や難民の子どものための学習支援活動に力を入れており，「宿題カフェプロジェクト」は2007年から2009年までに100か所の公共図書館で取り組まれた。デンマーク政府も支援しているが，実際に学習支援の運営，実施は各図書館に任されている。また，学習支援の対象が学齢期の子どもたちだけでなく，デンマーク語の読み書きが不自由な成人に対しても行われており，合わせて就労支援プログラムも実施されている。

このような状況から，デンマークの図書館は本の貸し出し業務という枠組みを超えて，多様な文化的背景をもつ人びとのあらゆるニーズに応える社会福祉機能を兼ね備えた施設となっている。なぜなら，すべての図書館サービスは住民の「情報への平等なアクセス」という理念に基づいているからであり，この理念を実現するために，情報のアクセスに相対的に不利益を被っているマイノリティに配慮したサービスを常に実施し，情報アクセスの平等性の確保に努めていることがうかがえる。

3）フィンランド―図書館利用率が世界一の国―

フィンランドの公共図書館の歴史は，1794年に遡る。フィンランド西部のヴァーサ広域控訴裁判所のメンバーによる「ヴァーサ読書会」が図書館の始ま

りであり，当初は，会員制の読書サークルであった。1830年代には教区（parish）による自治体図書館が設立され，広く地域の人びとに図書の貸出しを行うように発展していった（組原，2008，106-107ページ）。

同国の公共図書館統計（2011年度）統計によると，2011年の1年間における公共図書館の貸出数は約1億点で，公共図書館来館者数は延べ5,300万人，図書館のインターネットサービスの利用件数は5,700万回になる。これはフィンランドの全住民が平均して年10回公共図書館を訪れ，約18点の資料を借りたことになる。

図書館利用率の世界一の理由は，インターネットシステムによる図書館サービスにある。国土の約70％が森林であり，人口は約520万人（日本の約1/23），400の自治体に住んでいる。市町村の図書館は927館（日本の公共図書館数：3,083館），移動式のバスの図書館は172台（日本の移動図書館578台），移動式の船の図書館1隻，広域レベルの図書館は19館，大学図書館は16館の他，その他の高等学校に付属する図書館や専門図書館が20館ほどある。すべて，インターネットによるネットワークを有しており，住民はどの図書館でも利用可能であるという状況からも，近年では，インターネット経由のアクセス件数が急増している。（原田・西川，2008，6-8ページ，西川，2008，100ページ）

フィンランドの図書館をめぐる近年の政策は，2001年の「Library Policy Program」，2003年の「Library Strategy2010」，その後の「Library Development Program 2006-2010」として展開されてきており，その根底には，フィンランド国民が図書館に容易にアクセスできることにより，民主主義の進展に不可欠であること，文化資産の継承，多文化主義，IT化による読み書き能力の向上，促進が目指されている。地域の図書館であろうと，大学図書館であろうと，誰もが平等に情報源にアクセス可能な仕組みづくりを通して，「第三次の知識社会」の創造を目指している。情報，知識の提供，サービスを通じて，あらゆる年齢層の人びとに学習機会の確保と都市と農村との地域間格差の解消を目指す取り組みでもある。特に，「Library Development Program 2006-2010」には，いつでもどこでも，誰でもコンピュータやその他の電子メディアからど

第13章　諸外国の読書教育

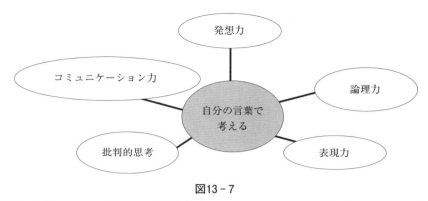

図13-7

出所）北川＆フィンランド・メソッド普及会『フィンランド・メソッド入門』経済界，2005より，筆者作成。

この図書館にもアクセス可能な体制を造ることで，図書館はフィンランド市民のための，あらゆる情報の窓口となるべきであることが記されている。しかし，図書館サービスの充実を図るには，当然のことながら，図書館職員に求められる専門性も高くなってくる。

　実際にフィンランドの図書館員は，図書館司書としての役割だけでなく，教育や社会的サービス，文化的サービスにも精通していることが求められ，社会教育，生涯学習活動に対する幅広い知識や専門性が問われていくことになる。

(2) 思考を鍛える読書教育——フィンランドの国語授業を通して考える——

　情報へのアクセスや生活に必要な知識，スキル等の習得について，図書館を拠点に届けようとする北欧諸国の取り組みを概観するに際し，そのあまりの多様さには驚かされてしまう。しかし，豊富な図書館サービスのみならず，北欧諸国は子どもの読解力も世界的に高水準に位置している。特に，OECD（経済協力機構）によるPISA（国際学習達成度調査）の国際比較により，2000年度，2003年度とフィンランドが読解力，科学的リテラシーとともに第一位を占めたことに関し，教育関係者内でさまざまな議論が沸き起こったことは記憶に新しい。2012年度の調査結果に基づく経年変化分析では，フィンランドは2006年度

から2012年度にかけて読解力,科学的リテラシーは共に調査の参加国内で低下傾向にあるが,OECD加盟国での順位は,数学的リテラシー6位,読解力3位,科学的リテラシー2位であり,2000年から2012年度にかけて,読解力,科学的リテラシーは3位以内に位置している（文部科学省　国立教育政策研究所,2013年）。

　これまで,フィンランドのPISAにおける高水準の理由について,教育関係者によるさまざまな調査や研究が行われてきた。とりわけ,フィンランド政府や学校教育関係者が何か特別な取り組みを実施しているのではないかという想定の下で調査を行った研究者は,学校教育における授業風景を観察して,衝撃を受けたと伝えている（たとえば,佐藤,2008,庄井・中嶋,2005,北川&フィンランド・メソッド普及会,2005など）。

　それは,学校教育の中で何か特別なことを実施しているというものではなく,教師と生徒における自然な会話や子ども達同士の対話,グループワークの中から読解力や物事の考え方,多様な価値観を尊重しようとする態度が育まれてきているのである。日本では「フィンランド・メソッド」（北川&フィンランド・メソッド普及会,2005）と称して紹介される国語教育の方法でさえも,実際には,特別な教育方法ではなく,教室の中で教師と生徒とのごく自然な会話により繰り返しやりとりされるものなのである。それゆえ,子ども達の思考力が自然な形で鍛えられてきているものと考える。フィンランドの国語教育の概念的な構成は,次のとおりである。

- 発想力：テーマをもとに,自由な発想を生み出すこと。
- 論理力：意見とともにその理由付けを重視する。原因と結果の法則を重視。
- 表現力：簡単な作文,物語を自分の考えで創作してみる。
- 批判的思考：必要な情報を見極めること。見直すこと。
- コミュニケーション力：議論のルールと相手の立場に立って考えることを身につける。

第13章　諸外国の読書教育

① **自分で考える学び―タンペレ市メスキュラ高校の国語授業の事例―**

　フィンランドは1990年代に入り，携帯電話の所有率が80％を超え，ノキア社をはじめとするIT産業の台頭により，世界的なIT立国へと展開していった。そのような社会背景の中で，フィンランド政府は学校教育のIT化やメディア教育の重要性にいち早く取り組んできている。1994年にはすべての小学校にコンピュータを導入し，国語教育の中でメディア教育を行うことを推進してきたのである。学校教育の中でメディアを積極的に活用することと同時に，子ども達がコンピュータや携帯電話などを利用して，メディアへのアクセスのみならず，配信されてくる内容をどのように受け止めることができるのかが課題となっていたからである。

　ここでは，NHKで紹介されたフィンランド第3の都市，タンペレ市内のメスキュラ高校の国語の授業の取り組みを紹介する[15]。タンペレ市は人口約20万人であり，かつては繊維やパルプ産業で有名であったが，今では，IT産業中心の都市と化している。タンペレ市立メスキュラ高校の国語の授業では，担当教師もIT化が進む社会生活の中でのメディア教育の重要性を理解しており，積極的に研修を受け，授業改善に取り組んできている。

　たとえば，「文学と規制」について考えることをテーマにした国語の授業では，教科書は補助的な教材にすぎないとし，教師自らが，生徒たちの興味を促すような教材をみつけ出し，提示していた。この日，国語の教師は，教科書に掲載されていた出版規制の書籍について，実際に規制がかけられている書籍（トマス・マンの『魔の山』，サルマン・ラシュディの『悪魔の詩』など）の数冊を持参し，生徒たちに，次のように説明していた。

　「これらの本は，現在，すべて出版規制がかけられています。皆さんはどのように思いますか？　理由を3つ，考えてみてください」

表13-6　メスキュラ高校のメディア専門講座

・写真　・出版　・脚本　・映像理論　・TV，ラジオ，新聞　・メディア批判 ・メディアから見た世界

第4部　読書教育の未来に向けて

　教師が提示した書籍は，宗教，文化，政治，道徳的な理由により，問題があるとされていたものばかりであった。生徒たちはなぜ，出版規制が必要であるのかについて，自分の意見を述べていくのである。

　生徒からは，「宗教の違いにより，詳しくは分からないけれど……」「道徳上，望ましくないと思います」「権力をもつ人がその立場を利用しようとする作品だからです」と，次々に意見が出てくる。教師は，それぞれの意見を，宗教的自由，政治的，道徳的というように分類していく。類型化された意見を黒板に記述し，簡単に解説すると，今度は，グループに分かれて議論の時間を設け，その後，グループごとに生徒たちに発表するように指示を出す。生徒たちは，最初は自分の見解を述べるにとどまっていたが，ディスカッションの後の発表では，互いの意見に耳を傾け，時には，反対意見も述べながら，自分の意見とは異なる意見を聴くという重要性も理解していくのである。

　授業終了後，担当教師は，「何よりも生徒に考えさせることが重要である」と述べている。社会には，膨大な量の情報が溢れており，マスメディア（各種出版物やインターネット，携帯，TV，ラジオ等で配信される情報）の影響力は子どもの教育に良い場合もあれば，悪い場合もある。しかし，何が問題であるのか，考えさせることが大切であるとする。そして，自分なりに分析し，情報を読み解いていくことが必要であることを提示したいとのべている。また，授業の中では，生徒たちの意見をまとめることをあえて行わず，自分たちの言葉で考えてもらうことを重視している。世の中には，いろいろなものの見方があるということを学ぶことにもなり，生徒たちはプレゼンテーションを通じて，自分の見解を自分の言葉で発言する必要性を学ぶことになるからと述べていたことが印象的であった。

　もうひとつの取り組みは，新聞記事を活用した授業実践である。メスキュラ高校には，毎日，新聞3紙が届けられる。生徒たちは休憩時間に新聞を閲覧できることになっている。それらの新聞を国語の授業にも活用し，新聞記事，広告等も含め，各自にテーマを設定させ，記事から読み取れる内容を発表させることが課題となっていた。

- 新聞の記事に掲載されている写真は，内容に適切なものであるか。
- なぜ，興味を引く，または，引かない記事であるのか。
- この広告の意図は何か？

　生徒はそれぞれに記事を再構成し，自分の意見を発表していく。その姿から，多様な価値観に溢れる社会に暮らす中で，もっとも重要となる「自分のことばで自分の意見述べること」の必要性を学んでいるものと考えられた。

　メスキュラ高校では，このような国語の授業の他に，「メディア専門講座」として，実際に，メディアに関わる職業に就いていた人を外部講師として招聘し，専門講座を無償で提供しているという。映像作家やテレビ局の元プロデューサーの出前授業を行うなど，メディアが社会に働きかける意味や，配信されてくるメディアをどのように受け止め，理解するか等，ともに考える授業が行われていた。

　このような取り組みからうかがえることは，メディア教育が時代のニーズに応じて行われているにせよ，新聞やテレビ，ラジオ，インターネットにより配信される膨大な量の情報について，私達はどのように解釈していくべきかが問われてくることになる。授業では教師による大まかな方向づけは行われても，最終的にただひとつの意見のみが正しいという結論を出すための授業ではないということが強調されていたように，自分で考えて答えを見出していくことが求められているのである。そのような多様性を尊重しようとする授業実践は実に示唆に富んでいる。多くの場合，高校の国語の授業といえば，優れた文学作品を受験勉強のために読むことが念頭に置かれてしまうが，フィンランドの学校に見られる授業では，試験のための勉強というものではありえない。多様な社会，文化的背景の人びとにより構成される実社会を見据え，今，何が一番必要であるのか，生徒たちも生活者の視点で物事を考えていくヒントを学ぶことが，ひいては，文学作品をも読み解いていく力を養うことに繋がっているのではないかと考えさせられる学びの実践であるといえよう。

(3) まとめにかえて―暮らしの中の読書活動―

　本節では，スウェーデン，デンマーク，フィンランドの図書館事情と共に，フィンランドの国語の授業を事例に読書教育の方法を考察した。3つの国には，これまでに成人教育をはじめとする読書活動にまつわる長い歴史的経験があることからも，人びとの暮らしの中で図書館に足を運ぶことが生活の一部となっていることがうかがえる。本を読むことは，北欧の長くて暗い冬をいかに楽しく過ごしていくかという人びとの知の結集でもあったと考えられる。今日では，インターネットの普及により，いつでもどこでも，誰でも図書館にアクセス可能なネット社会が成立したことから，移民や難民などの多様な背景をもつ人びとの社会参加を促進する政策としても，読書活動は時代のニーズに合わせて展開されてきている。同時に，公共図書館の社会的機能を高めていくことに結びついている。

　また，学齢期の子どもたちにとっては，公共図書館との連携強化は，その幅広い活動から学校図書館では補えない部分（蔵書や資料の規模だけでなく，各種サービスの質的内容として）を担うことにつながり，子どもたちに多様な学びの機会を提供していることも興味深い。町の中に小，中学校しかないような地域でさえも，インターネットバスや移動図書館を有効活用し，幅広く学習の機会を提供しているのである。そのような取り組みにより，子どもたちは世の中にはさまざまな考え方や価値観が存在していること，そして，何よりも重視すべきは，社会における多様なものの見方について，自分自身で考えていくことを学ぶ契機となろう。

　学習活動をある一定の時期のみと限定するのではなく，幼い子どもから高齢者に至るまで，生涯に渡る学びの必要性を重視していることは，デンマークのホルケフォイスコーレなどの実践に示されるとおりである。多様な背景の人びとと共に暮らしながら知を交換していこうとする北欧諸国の長い歴史的蓄積が，社会，文化的土壌として受け継がれてきていると考える。読書活動は生涯に渡る学びの中のひとつの試みであり，どのようなメッセージが隠されているのか等，作品を読み解いていくことの意味や学びのあり方は，単なる方法論を超え

第13章　諸外国の読書教育

て，福祉や平等，自由を追求しようとする人びとの暮らし中で，脈々と培われているのである。

注
1）宇治郷毅「台湾の図書館探訪：国家図書館，台北市立図書館を中心に」『同志社大学図書館学年報』34, 2008, 157-184ページ。
2）本項の内容は，2011年11月27日(日)15時半～17時に，台北市立図書館を訪問し，洪館長に対して行ったインタビューに基づく。
3）本項の内容は，2011年11月28日(月)9時～11時に，台北市内湖区新湖国民小学校を訪問し，寥校長に対して行ったインタビューに基づく。
4）OECD/PISAは，OECDが32カ国，26万5,000人の15歳児を対象に，「読解力」「数的リテラシー」「科学的リテラシー」の測定を目的として開始した国際調査である。PISAは2000年，2003年，2009年に実施された。この2000年PISA調査で，ドイツは参加32カ国中，「読解力」（総合能力）で21位，「数的リテラシー」「科学的リテラシー」でそれぞれ20位という不本意な結果が明らかになった（ちなみに，日本は3分野でそれぞれ8位，1位，2位）。
5）http://www.deutsche-digitale-bibliothek.de
6）http://www.hbz-nrw.de/dokumentencenter/produkte/dbs/
7）チューリンゲン州（2008年），ザクセン・アンハルト州（2010年），ヘッセン州（2010年），ザールラント州（2011年），ザクセン州（2011年），ノルトラインウェストファーレン州（2013年）で図書館法が制定されている。メクレンブルグ・フォアポメルン州，シュレースヴィヒ・ホルシュタイン州で，州の公共図書館に関する図書館法制定に向けた動きがある。
8）BMBF, Förderung von Lesekompetenz-Expertise, 2007.
　http://www.bmbf.de/pub/bildungsreform_band_siebzehn.pdf
9）2012年は，10月10日～14日に開催され，281,753名が141カ国から参加。2013年は，10月9日～13日の開催予定。
10）http://bildungundgutesleben.wordpress.com/2013/04/12/schulbibliotheken-in-berlin-2013/
11）http://www.berlin.de/ba-treptow-koepenick/organisationseinheiten/schule/schulbibliotheken.html
12）LISUM:Landesinstitut für Schule und Medien Berlin-Brandenburg
　http://www.lisum.berlin-brandenburg.de/media_fast/5180/Flyer_LISUM_engl.15786166.pdf
13）Struktur des Lesecurriculums http://bildungsserver.berlin-brandenburg.de/fileadmin/bbb/unterricht/unterrichtsentwicklung/Lesecurriculum/Navigation_

第 4 部　読書教育の未来に向けて

Lesecurriculum_2010.pdf
14）ニコライ・フレデリク・セヴェリン・グルントヴィ（Nikolaj Frederik Severin Grundtvig　1783年9月8日〜1872年9月2日）はデンマークにおける成人教育において重要な役割を担った人物。北欧神話の学者，また神学者でもあり，詩人，そして教育思想家でもあった。デンマーク教育省による分類で，自由成人教育に位置付けられているフォルケホイスコーレ（Folkehøjskole）という16歳半また17歳半以上の人びとが学習する，全寮制の学習機関の教育思想を構想とした人物として，デンマーク国内及び欧州を中心とした海外で高い評価を受けている（佐藤裕紀著，生涯学習 e 事典，http://ejiten.javea.or.jp/content.php?c = TWpJd05qSXk%3D 参照）。
15）NHK『メディアがひらく教育の未来②：IT 立国フィンランドの国語教育』2003年放映。

参考文献

AFPBB News,"スウェーデン，亡命希望のシリア難民全員受け入れへ"（最終閲覧日：2013年9月4日）

Finnish Public Library Statistics（公共図書館統計英語版のページ）
　http://tilastot.kirjastot.fi/en-GB/

Finns are avid readers and library users（Ministry of Education and Culture 2012/4/24 付）．http://www.minedu.fi/OPM/Verkkouutiset/2012/04/kirjastotilastot.html?lang = en

原田安啓・西川響「フィンランドの図書館」西川馨編『学力世界一を支えるフィンランドの図書館』教育史料出版会，2008，6-8ページ

組原洋「フィンランド図書館の歴史」西川馨著『学力世界一を支えるフィンランドの図書館』教育史料出版会，2008，106-107ページ

小林ソーデルマン淳子「小特集：北欧のコミュニティと公共図書館：スウェーデン／カレントアウェアネス」通号 No.295-No.298，2008
　http://current.ndl.go.jp/ca/no295（最終閲覧日：2013年12月21日）

小林ソーデルマン淳子・吉田右子・和気尚美『読書を支えるスウェーデンの公共図書館：文化・情報へのアクセスを保障する空間』新評論，2012

メルヴィ バレ，リトバ コスキパー，マルック トッリマン著，北川達夫・フィンランドメソッド普及会訳『フィンランド国語教科書——フィンランド・メソッド　5つの基本が学べる』経済界，2005

文部科学省・国立教育政策研究所「OECD 生徒の学習到達度調査（Programme for International Student Assessment）」『2012年度調査分析資料集』

西川馨編『学力世界一を支えるフィンランドの図書館』教育史料出版会，2008

OECD 編『図表でみる教育　OECD インディケーター2012度版』明石書店，2012

佐藤隆著，熊本子育て教育文化運動交流会編『フィンランドに学ぶべきは「学力」なの

第13章　諸外国の読書教育

　　か』かもがわブックレット，2008
庄井良信・中嶋博『フィンランドに学ぶ教育と学力』明石書店，2005
吉田右子「小特集　北欧のコミュニティと公共図書館：デンマーク」『カレントアウェア
　　ネス』No.295，2008，http://current.ndl.go.jp/ca1655#ref
吉田右子『デンマークのにぎやかな公共図書館――平等・共有・セルフヘルプを実現する
　　場所』新評論，2010

あとがき ―読書教育を支える人びと―

　本書では，読書教育の方法について，学校図書館の活用を中心に紹介を行ってきた。そのため，学校の読書教育についての記述が中心となっている。しかし，読書教育が行われる場は，学校にとどまらず，家庭や地域，職場なども含めて考えていく必要がある。確かに，幼い頃はまだ自立心も小さく，読書指導の必要性は大きいが，大人になるにつれ，その指導の必要性は少なくなる。その意味で，読書教育は学校で十分という考え方もできる。しかし，親が子どものために読み聞かせをしたり，職業上必要な本をどう読むか悩んだり，新たな本の読み方を学ぶというような場合，読書教育の環境作りは，生涯にわたる学習の視点から行っていく必要があるだろう。そして読書教育の環境は，多くの人によって支えられている。

　実際，編者は，これまでにいろいろな読書をめぐる教育について調べてきた。初めて大阪大学の助手になったとき，人間科学部社会教育論講座の元木健先生や友田泰正先生の指導により，「こども文庫に関する調査報告―大阪府茨木市における事例研究」，「ニュータウンの中の図書館：吹田市立千里図書館の利用者調査」，「松原の市民図書館―こども文庫から図書館システムへ―」といった研究をし，家庭文庫や公共図書館の重要性を学んだ。本という資料を幼児から高齢者までが得るチャンス，学習機会としてのアクセシビリティの重要性を知った。そのチャンスを，有志の家庭がこども文庫として提供し，公共図書館で働く人びとが市民のために地域全体で提供できるシステムを目指している。

　その後，国立教育政策研究所に研究官として勤めた際には，全国的，国際的な視点から読書を考え，読書教育について活動し研究している多くの人びとと出会う機会を得た。鳥取県の今井書店の永井伸和さんは書店員を養成する「本の学校」作りを目標として活動し，全国の書店員がその意を汲んでNPO「本の学校」を設立した。また，教員3人で「日本こどもの本研究会」を設立し，

あとがき

　月刊『こどもの本棚』に執筆をし続ける黒澤浩さんは，今も戦後すぐに文部省が制定した学校図書館法の重要性を唱え続けている。そして山形県鶴岡市の学校現場で学校司書の経験をもつ五十嵐絹子さんは，現在学校図書館アドバイザーとして全国の学校図書館活用への助言を行っている。また，文部科学省の元社会教育課長であった神代浩さんは当時のプロジェクト「図書館海援隊」をなおも支えている。また，絵本作家だった肥田美代子さんは，議員活動の中で「子どもの読書活動の推進に関する法律」の成立に関わり，現在は公益財団法人文字活字文化推進機構の理事長として「文字活字文化振興法」の成立や読書文化の推進を行いながら，『本と生きる』という著書にその信念をまとめられている。

　研究所では，言語力や読解力との関わりという点での研究を続けることができ，その成果は『読書教育への招待』という本にまとめた。調査研究に協力いただいた秋田喜代美（東京大学教育学部教授）さんには，杉並区の子ども読書推進委員会を紹介していただいただけでなく，独立行政法人国立青少年教育振興機構の調査でもご一緒に仕事ができた。同機構は夢基金の運用や青少年の野外活動でも有名だが，他方で読書活動を支える調査研究も行っている。本書でもその結果を紹介している「子どもの読書と人材育成」に関する調査は，中学生と高校生の読書活動の実態調査に加え，学校や教員，成人の調査も行った大規模調査であった。特に編者も参加した外国調査では，本書にその一端を紹介した台湾調査だけでなく，シンガポール，イギリス，スペイン，フランスなどの実地調査に加え，文献調査でも諸外国の読書活動を調べている。諸外国の図書館や学校，地域での読書活動の海外調査が継続的に行われれば日本にとってもっと多くの教訓を得ることができる。同機構の田中壮一郎理事長はさらに文字活字文化推進機構と協力して読書活動を推進する事業をいくつか開始している。

　これらの人びとだけではなく，実際の読書教育や読書の推進活動を支える人びとには，各地の図書館館長や図書館司書がいる。編者も佐賀県の小郡市立図書館長永利和則さんや伊万里市民図書館古瀬義孝さんにお会いした折には，そ

あとがき

　の情熱に驚かされた。優れた読書推進計画を作成された高知県の社会教育委員会とその委員の先生方，千葉県の図書館協議会の人びと，市川市立図書館のスタッフの方々など，あげればきりがないほど多くの図書館関係者や教育委員会のスタッフは，読書活動の推進に毎日力を注いでいる。

　本書でも学校図書館を担うスタッフの重要性を指摘したが，公共図書館や地域，職場，家庭の読書を支える人びと，優れた本を刊行し読者に届けようと努力し続ける出版社や書店の人びと，こうした人びとが読書活動を通じて社会をよくしたいという熱意と毎日の地道な活動を続けてこそ，読書の豊かな環境作りは進む。私たちが多くの社会的課題を解決していくためには，読書活動を通じて優れた学習者を育てていくことが求められる。基本的な教育環境として生涯にわたる読書教育の環境を作るために，本書が少しでも貢献できることを祈っている。すべてではないが学校図書館を表題に含む2000年以降の刊行図書一覧を作成した。学校図書館についてさらに学びたい方は参考にされたい。

　最後に，本書の意義を理解し，大変な出版環境の中で本書を刊行していただいた学文社の田中千津子社長とそのスタッフに感謝の言葉を送りたい。

　2015年正月

立田　慶裕

【2000年以降の学校図書館関連文献】

(表題に「学校図書館」があるもののみ)

新学校図書館学編集委員会編『学習指導と学校図書館（新学校図書館学3）』全国学校図書館協議会，2000

渡部康夫『やってみよう読書のアニマシオン（学校図書館入門シリーズ(7)）』全国学校図書館協議会，2000

学校図書館協議会編『「総合的な学習」を支える学校図書館―小学校・中学校編』全国学校図書館協議会，2001

黒澤浩編『新学校図書館入門―子どもと教師の学びをささえる』草土文化，2001

文部科学省『新しい時代に対応した学校図書館の施設・環境づくり，知と心のメディアセンターとして』ボイックス，2001

ライヒマン,H.著，川崎佳代子・川崎良孝訳『学校図書館の検閲と選択―アメリカにおける事例と解決方法』（第3版）京都大学図書館情報学研究会，2002

山田知つぐ『学校図書館のための視聴覚資料の組織化（学校図書館入門シリーズ5）』全国学校図書館協議会，2002

新学校図書館学編集委員会編『情報メディアの活用（新学校図書館学5）』全国学校図書館協議会，2002

山形県鶴岡市立朝暘第一小学校編著『学校図書館活用教育ハンドブック　こうすれば子どもが育つ学校が変わる』国土社，2003

渡辺暢惠『子どもと一緒に進める学校図書館の活動と展示・掲示12カ月―コピーしてできる資料と型紙付き』黎明書店，2003

学校図書館協議会編『データに見る今日の学校図書館』全国学校図書館協議会，2004

坂田仰編『教育改革の中の学校図書館－生きる力・情報化・開かれた学校』八千代出版，2004

塩見昇他『学習社会・情報社会における学校図書館』風間書房，2004

『学校図書館50年史』全国学校図書館協議会，2004

芦谷清『学校図書館のための図書の分類法（学校図書館入門シリーズ(8)）』全国学校図書館協議会，2004

森高光広『はじめよう読書感想画の実践（学校図書館入門シリーズ(11)）』全国学校図書館協議会，2004

対崎奈美子『学校図書館ボランティア（学校図書館入門シリーズ(9)）』全国学校図書館協議会，2004

藤田利江『学習に活かす情報ファイルの組織化（学校図書館入門シリーズ(10)）』全国学校図書館協議会，2004

日本図書館情報学会研究委員会編『学校図書館メディアセンター論の構築に向けて』

文献

勉誠出版,2005
石狩管内高等学校図書館司書業務担当者研究会『パスファインダーを作ろう―情報を探す道しるべ(学校図書館入門シリーズ(12))』全国学校図書館協議会,2005
渡部康夫『読む力を育てる読書へのアニマシオン(学校図書館入門シリーズ(14))』全国学校図書館協議会,2005
塩見昇編『教育を変える学校図書館』風間書房,2006
全国学校図書館協議会編『人とメディアをつなぐ学校司書のしごと』社団法人全国学校図書館協議会,2006
全国学校図書館協議会カナダ・アメリカ学校図書館視察団編『カナダ・アメリカに見る学校図書館を中核とする教育の展開』社団法人全国学校図書館協議会,2006
山形県鶴岡市立朝暘第一小学校編著『学校図書館活用教育ハンドブックⅡ　みつける　つかむ　つたえあう』国土社,2006
三上久代『学校図書館における新聞の活用(学校図書館入門シリーズ(15))』全国学校図書館協議会,2006
小林功『楽しい読み聞かせ(学校図書館入門シリーズ(3))』全国学校図書館協議会,2006
森田盛行『学校図書館と著作権Q&A(学校図書館入門シリーズ(4))』全国学校図書館協議会,2006
新学校図書館学編集委員会編『読書と豊かな人間性(新学校図書館学4)』全国学校図書館協議会,2006
渡辺暢恵『子どもの読書力を育てる学校図書館活用法』黎明書房,2007
少年写真新聞社『小・中・高対応学校図書館イラストブック』少年写真新聞社,2007
新学校図書館学編集委員会編『学校経営と学校図書館(新学校図書館学1)』全国学校図書館協議会,2007
新学校図書館学編集委員会編『学校図書館メディアの構成(新学校図書館学2)』全国学校図書館協議会,2007
鎌田和宏・中山美由紀『先生と司書が選んだ調べるための本―小学校社会科で活用できる学校図書館コレクション』少年写真新聞社,2008
五十嵐絹子『子どもが本好きになる瞬間(とき)―学校図書館で見つけた元気の出る話』国土社,2008
小林功『わくわくブックトーク(学校図書館入門シリーズ(17))』全国学校図書館協議会,2008
長尾幸子『読書会をひらこう(学校図書館入門シリーズ(16))』全国学校図書館協議会,2008
渡辺重夫『学習指導と学校図書館(メディア専門職養成シリーズ)第二版』学文社,2008
渡辺暢恵『子どもが生き生きする学校図書館づくり：改訂版』黎明書房,2008

文　献

緑川信之編『学校図書館メディアの構成（メディア専門職養成シリーズ）第2版』学文社，2008
さわださちこ『楽しもう！学校図書館ディスプレイ』全国学校図書館協議会，2009
世田谷区教育委員会世田谷区立小学校教育研究会図書館部『学校図書館運営マニュアル改訂版』世田谷区教育委員会世田谷区立小学校教育研究会図書館部，2009
五十嵐絹子『学校図書館ビフォー・アフター物語―図書館活用教育の全国展開を願って』国土社，2009
志村尚夫『学校図書館メディアの構成とその組織化（学校図書館図解・演習シリーズ2）』青弓社，2009
児童図書館研究会『学校図書館2（てまめあしまめくちまめ文庫）』児童図書館研究会，2009
図書館教育研究会編『新学校図書館通論（3版）』学芸図書，2009
瀬田祐輔『学校司書のための学校図書館入門（学校司書シリーズ）』愛知教育大学出版会，2009
全国学校図書館協議会『シカゴ・ボストン・ニューヨークに見る探究学習を支える学校図書館』全国学校図書館協議会，2009
大串夏身『学習指導・調べ学習と学校図書館（学校図書館図解・演習シリーズ3）』青弓社，2009
中山伸一『情報メディアの活用と展開（学校図書館図解・演習シリーズ1）』青弓社，2009
天道佐津子『読書と豊かな人間性の育成（学校図書館図解・演習シリーズ5）』青弓社，2009
天道佐津子・柴田正美『学校経営と学校図書館（3訂版）』放送大学教育振興会，2009
渡辺暢惠『実践できる司書教諭を養成するための学校図書館入門』ミネルヴァ書房，2009
北克一『学校経営と学校図書館，その展望（学校図書館図解・演習シリーズ4）』青弓社，2009
「シリーズ学校図書館学」編集委員会『情報メディアの活用（シリーズ学校図書館学第5巻）』全国学校図書館協議会，2010
赤木かん子『読書力アップ！学校図書館のつくり方』光村図書，2010
桑田てるみ『思考力の鍛え方学校図書館とつくる新しい「ことば」の授業』静岡学術出版，2010
高知県教育委員会事務局小中学校課『高知県学校図書館活動ガイドブック～心と学びを育む学校図書館～』高知県教育委員会，2010
スケールズ,B.R.著，川崎良孝訳『学校図書館で知的自由を擁護する―現場からのシナリオ』京都図書館情報学研究会，2010

文　献

全国学校図書館協議会編『探究型学習にとりくもう学校図書館の活用名人になる』国土社，2010

吉岡裕子『協働する学校図書館小学校編―子どもに寄り添う12か月（シリーズ学校図書館）』少年写真新聞社，2010

柴田幸子『あなたと読んだ絵本のきろく―そして大切な学校図書館のこと』石風社，2010

小川三和子『教科学習に活用する学校図書館―小学校・探究型学習をめざす実践事例』全国学校図書館協議会，2010

全国学校図書館協議会・全国SLA編『学校図書館の活用名人になる―探究型学習にとりくもう』国土社，2010

太田克子・村田伸宏「群馬国語教育を語る会」『読書の力―国語授業と学校図書館との連携・協力』三省堂，2010

渡辺信一他監訳『学校図書館メディアプログラムのためのガイドライン：シリーズ学習者のエンパワーメント第2巻』全国学校図書館協議会，2010

堀川照代『学習指導と学校図書館』放送大学教育振興会，2010

野口武悟編『一人ひとりの読書を支える学校図書館―特別支援教育から見えてくるニーズとサポート』読書工房，2010

「シリーズ学校図書館学」編集委員会『学校経営と学校図書館（シリーズ学校図書館学第1巻）』全国学校図書館協議会，2011

「シリーズ学校図書館学」編集委員会『学校図書館メディアの構成（シリーズ学校図書館学第2巻）』全国学校図書館協議会，2011

「シリーズ学校図書館学」編集委員会『学習指導と学校図書館（シリーズ学校図書館学第3巻）』全国学校図書館協議会，2011

「シリーズ学校図書館学」編集委員会『読書と豊かな人間性（シリーズ学校図書館学第4巻）』全国学校図書館協議会，2011

高桑弥須子『学校ブックトーク入門―元気な学校図書館のつくりかた』教文館，2011

藤田利江『授業にいかす情報ファイル（シリーズはじめよう学校図書館6）』全国学校図書館協議会，2011

遊佐幸枝『学校図書館発育てます！調べる力・考える力―中学校の実践から（シリーズ学校図書館）』少年写真新聞社，2011

「読むチカラ」プロジェクト『鍛えよう！読むチカラ―学校図書館で育てる25の方法』明治書院，2012

塩見昇編『学校教育と学校図書館―学校図書館論〈1〉』教育史料出版会，2012

横浜市教育委員会『学校図書館教育指導計画作成の手引―子どもたちの学びを豊かにする学校図書館』時事通信出版局，2012

原田由紀子他『東出雲発！学校図書館改革の軌跡―身近な図書館から図書館活用教育へ』国土社，2012

文　　献

五十嵐絹子・藤田利江『学校司書たちの開拓記―学校図書館から教育を変える』国土社，2012
高橋知尚『学校図書館メディアの選びかた（はじめよう学校図書館2）』全国学校図書館協議会，2012
成田康子『みんなでつくろう学校図書館』岩波書店，2012
赤木かん子『学校図書館のつかい方―読書力アップ！』光村図書，2012
赤木かん子『赤木かん子の図書館員ハンドブック分類のはなし―学校図書館で働く人のために』埼玉福祉会，2012
赤木かん子『学校図書館のつかい方―読書力アップ！』光村図書，2012
全国学校図書館協議会『学校図書館・司書教諭講習資料　第7版』全国学校図書館協議会，2012
全国学校図書館協議会フランス学校図書館研究視察団『フランスに見る学校図書館専門職員―ドキュマンタリスト教員の活動』全国学校図書館協議会，2012
大平睦美『学校図書館をデザインする―メディアの分類と配置（はじめよう学校図書館4）』全国学校図書館協議会，2012
竹村和子『その蔵書、使えますか．―図書の更新のすすめ（はじめよう学校図書館3）』全国学校図書館協議会，2012
中村伸子『学校図書館、まずはこれから（はじめよう学校図書館1）』全国学校図書館協議会，2012
福田孝子『初めての読書指導小学校編―アイディア25（はじめよう学校図書館5）』全国学校図書館協議会，2012
北克一・平井尊士『学校図書館メディアの構成』放送大学教育振興会，2012
井上一郎『思考力・読解力アップの新空間！学校図書館改造プロジェクト図書館フル活用の教科別授業アイデア20』明治図書，2013
五十嵐絹子・藤田利江『学校図書館から教育を変える〈2〉学校図書館の力を活かす』国土社，2013
荒川区編『学校図書館活用あらかわモデルプラン資料ダイジェスト版』国土社，2013
森田盛行『気になる著作権Q&A―学校図書館の活性化を図る（はじめよう学校図書館8）』全国学校図書館協議会，2013
杉本直美『読書生活をひらく「読書ノート」（はじめよう学校図書館7）』全国学校図書館協議会，2013
成田康子『高校図書館―生徒がつくる、司書がはぐくむ』みすず書房，2013
赤木かん子『読書力アップ！学校図書館の本のえらび方』光村図書，2013
渡辺重夫『第三版　学習指導と学校図書館』学文社，2013
渡邊重夫『学校図書館の力―司書教諭のための11章』勉誠出版，2013
藤田利江『図書館へ行こう！楽しい調べ学習1・2・3年生―東京都荒川区立第六日暮里小学校の「学校図書館活用ノート」「伝統・文化ノート」を活用した授業』国

文　献

土社, 2013
日本学校図書館学会編『学校図書館を活用した学習指導実践事例集』教育開発研究所, 2013
片岡則夫編『「なんでも学べる学校図書館」をつくる：ブックカタログ＆データ集』少年写真新聞社, 2013
野口武悟・前田稔『学校経営と学校図書館』放送大学教育振興会, 2013
門川久美子他『学校図書館は何ができるのか, その可能性に迫る―小・中・高等学校の学校司書3人の仕事から学ぶ』国土社, 2014
塩谷京子『探究的な学習を支える情報活用スキル―つかむ・さがす・えらぶ・まとめる（はじめよう学校図書館10）』全国学校図書館協議会, 2014
稲井達也『授業で活用する学校図書館―中学校・探究的な学習を目ざす実践事例』全国学校図書館協議会, 2014
学校図書館問題研究会編『学校司書って, こんな仕事』かもがわ出版, 2014
五十嵐絹子・藤田利江『学びを拓く授業モデル―学校図書館から教育を変える〈3〉』国土社, 2014
高見京子『読書イベントアイデア集―中・高校生編（はじめよう学校図書館9）』全国学校図書館協議会, 2014
小日向輝代『心をつかむオリエンテーション（はじめよう学校図書館11）』全国学校図書館協議会, 2014
全国学校図書館協議会『学校図書館基本図書目録』全国学校図書館協議会, 2014
村上恭子『学校図書館に司書がいたら：中学生の豊かな学びを支えるために（シリーズ学校図書館）』少年写真新聞社, 2014
渡邊重夫『学校図書館の対話力：子ども・本・自由』青弓社, 2014

編者紹介

立田　慶裕（たつたよしひろ）TATSUTA Yoshihiro

1953年生まれ。大阪大学大学院人間科学研究科後期課程単位取得退学。大阪大学助手，東海大学講師・助教授，国立教育政策研究所総括研究官を経て，現在，神戸学院大学教授。国立教育政策研究所名誉所員。

主な著書・訳書に，『キー・コンピテンシー』（D・S・ライチェン他編著，監訳，明石書店，2006年），『世界の生涯学習』（OECD 編著，監訳，明石書店，2010年），『読書教育への招待』（共著，国立教育政策研究所編，東洋館出版社，2010年），『生涯学習の理論』（共著，福村出版，2011年），『成人力とは何か』（共著，明石書店，2012年），『知識の創造・普及・活用』（OECD 教育研究革新センター編著，監訳，明石書店，2012年），『成人のナラティヴ学習』（M.ロシター他編著，共訳，福村出版，2012年），『学習の本質？研究の活用から実践へ』（OECD 教育研究革新センター編著，監訳，2013年），『教師のための防災教育ハンドブック』（増補改訂版，編著，学文社，2013），『キー・コンピテンシーの実践？学び続ける教師のために』（明石書店，2014）ほか。

読書教育の方法

2015年1月31日　第1版第1刷発行
2015年4月30日　第1版第2刷発行

編著者　立田慶裕

発行所　株式会社　学文社
発行者　田中千津子

〒153-0064　東京都目黒区下目黒3-6-1
電話(03)3715-1501(代)
http://www.gakubunsha.com

落丁，乱丁の場合は，本社でお取り替えします。
定価はカバー，売上カード表示

印刷　東光整版印刷㈱

©2015 TATSUTA Yoshihiro　Printed in Japan
ISBN 978-4-7620-2520-4